관계중심 시간경영

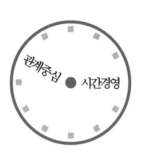

________________________ 님께

아낌없이 베풀어 주신 사랑에 감사드립니다.

________________________ 드림

RELATIONSHIP CENTERED
TIME MANAGEMENT

관계중심 시간경영

소명과 사랑을 발견하는 A.R.T.

황병구 지음

KOREA.COM

추천사

흘러가는 시간 속에서 붙잡아야 할 한 가지

●○● 세상에는 "시간이 돈이다"는 말이 진리처럼 알려져 있습니다. 그래서 요즘 젊은이들은 인생을 효율적으로, 성공적으로 살아야 한다는 가르침을 받고 있습니다. 그렇지요, 시간은 곧 돈이지요. 일당을 받건 월급을 받건 시간을 기준으로 돈을 환산하는 것이 세상의 시스템이니까요. 그렇다면 성공적인 시테크란 꼭 성공적인 돈벌이를 말하는 걸까요? 크리스천에게 있어 삶의 목적과 우선순위는 돈이 아닐진대, 그런 면에서 이 책은 아주 중요한 관점을 짚어 주는 책입니다. 세상의 시간경영이 성공을 돕는 방법론을 가르쳐 준다면, 이 책은 시간의 주인이시고 시간을 운영하시는 하나님께 시선을 고정시키고 있습니다.

그렇다고 현실의 삶과 동떨어진 이론만을 제시하지 않습니다. 무한경쟁에서 도태되지 않도록 애쓰며 살아가는 크리스천들이 어떻게 하나님의 관점에서 시간관리에 성공해야 할까를 알려 주는 아주 실제적인 책입니다. 예수님은 아주 짧은 삶을 살다 가셨습니다. 요즘 우리는 예수님보다 두 배, 혹은 세 배의 시간을 이 세상에서 보냅니다. 늘 평안 가운데 계셨고 모든 것을 다 이루고 가신 예수님의 삶에 비해 우리는 늘 쫓기고 허둥대다가 아쉬움만 남긴 채 이 세상을 떠납니다. 저자는 예수님의 시간관리를 한마디로 '관계중심 시간경영'이라고 표현합니다.

일과 사랑, 소명 등 이루어야 할 일이 많은 현대의 젊은이들에게 이 책을 적극 권합니다. 흘러가는 시간 속에 우리가 놓치지 말아야 할 것이 무엇인지, 시간을 쪼개고 우선순위를 정하는 시간경영의 중심에 무엇이 있어야 하는지, 이 책을 통해 분명히 깨달을 수 있을 것입니다.

하나님은 우리가 구별된 삶을 살기를 원하십니다. 세속적인 성공과 출세를 위한 과업중심적 시간관리에서 벗어나 영혼을 살리는 관계중심적 시간관리로 옮겨갈 때, 우리에게 주어진 시간은 비로소 그 가치와 소명을 다할 것입니다. 크리스천 젊은이들이 이 책을 통해 세상의 가치와 구별된 삶을 살 수 있기를 기대합니다.

| **옥한흠** 사랑의교회 원로목사

추천사

성경적인 시간관리, 삶에 밀착된 참된 영성

●○● 이 책의 저자 황병구 본부장을 오랫동안 알아 왔지만, 정작 가까이서 동역한 지는 이제 다섯 해 정도 되었습니다. 수많은 회의와 모임에 참석하고 굵직굵직한 사업을 추진하면서도 늘 함께 일하는 사람들을 살피고 돌보는 것을 보면, 마치 동료와 후배들을 목양하는 듯한 느낌을 받습니다. 저는 이 책을 읽고 나서, 바쁜 와중에도 사람을 회복시키고 길러 내는 것이 몸에 밴 듯한 그 내면의 힘이 어디서 오는지 더 잘 알게 되었습니다.

저는 제가 인도하는 '풍성한 삶의 기초'라는 훈련 과정에서 우리의 삶을 하나님과 자신과 이웃과 세상과의 관계로 설명하면서 하나님 나라의 복음을 삶의 현장 가운데에서 살아 내자고 늘 도전합니다. 그런데 이 책은 그 네 가지 관계를 시간경영이라는 구체적인 일상의 과제로 제시하고 있어서 너무도 반갑고 기뻤습니다.

더욱이 우리의 삶은 유한하지 않고 영원하기에, 썩어 없어질 것에 대한 관심을 내려놓고 영원한 관계에 투자해야 한다는 4장의 결론적인 이야기는, 사랑하는 가족을 언젠가는 먼저 떠나보내야 하는 우리 인생의 쓸쓸한 단면을 따뜻한 소망으로 다시 채우는 멋진 고백입니다. 저 역시 믿음의 가족들과 죽음과 질병의 문제를 놓고 기도할 때마다, 이 깊고 넓은 평안의 신비를 늘 기억하게 됩니다.

메시아이자 주님이신 예수님을 알고 믿고 따르고 닮아 가는 것이야말로 참된 영성의 본질입니다. 시간 사용에 있어서도 주 되신 예수님을 본받아 따를 수 있다면 그 영성이 구체적인 일상에서 밝히 드러나는 증거가 될 것입니다. 그러한 실제적인 영성을 소망하시는 모든 분들께 이 책을 기꺼이 추천합니다.

| **김형국** 나들목교회 대표목사

추천사

물질관리보다 더 중요한 시간관리

●○● 에베소서 5장 15절 이하에 보면 "그런즉 너희가 어떻게 행할 것을 자세히 주의하여 지혜 없는 자같이 말고 오직 지혜 있는 자같이 하여 세월을 아끼라 때가 악하니라"는 말씀이 있다.

하나님은 지혜로운 사람이나 어리석은 사람 그리고 부지런한 사람이나 게으른 사람 모두에게 똑같이 하루 24시간을 주셨다. 그러나 24시간이라고 다 똑같은 24시간은 아니다. 그 시간을 어떻게 활용하며 사느냐에 따라 어떤 사람에게는 30시간이 될 수도 있고 또 어떤 사람에게는 10시간이 될 수 있을 것이다. 시간의 양뿐만 아니라 시간의 질도 달라질 수 있을 것이다.

물질을 선하고 바르게 그리고 효율적으로 관리하는 법을 배우려는 사람은 많다. 그러나 물질보다 더 귀한 시간을 선하고 바르게 그리고 효율적으로, 한 걸음 더 나아가 신앙적으로 관리하는 것을 배우려고 하는 사람은 많지 않다.

크리스천 다이어리인 '소명라이프빌더'의 개발자인 황병구 본부장이 이번에 '소명과 사랑을 발견하는 A.R.T.'라는 부제를 붙인《관계중심 시간경영》이라는 책을 출간하였다. 물질 사용의 우선순위를 보면 신앙을 알 수 있듯 시간 사용의 우선순위를 보아도 그 사람의 신앙을 알 수 있을 것이다.

《관계중심 시간경영》이라는 책자를 통하여 많은 사람들이 신앙적인 시간사용법을 배워 어리석은 자가 되지 않고 지혜 있는 자 같이 하여 세월을 아끼는 사람들이 될 수 있기를 기대하며 이 책을 추천한다.

| **김동호** 높은뜻교회연합 목사

추천사

시간과 관계에 대한 복음적인 통찰

●○● 오늘날 '섬김의 리더십'을 말하는 신앙인들과 기독교 기관은 수없이 많다. 사실 기독교 리더십의 핵심은 '섬김의 리더십'이다. 리더십이란 이웃을 섬기기 위해 자신의 능력을 사용하는 것이며, 우리 삶의 동기와 방법과 목적이 섬김이어야 한다는 것이다. 그러나 실제로 우리가 주위에서 목격하는 리더십은 너무도 많은 경우 효율성을 우선 과제로 삼는 통제적 리더십이다. 이것은 예수님이 경계하셨던 이방인의 관원들이 행하는 풍조를 좇는 행위다. 그러므로 신앙인다운 삶과 기독교적 리더십의 확립을 위해서는 "이 세대를 본받지 아니하고 마음을 새롭게 함으로 변화를 받으려는"(롬 12:2) 대안적 노력이 요구된다. 빛과 소금으로서 이 세상에 영향력을 주어야 할 신앙인이기에 신앙인은 진정한 '섬김의 리더'가 되기 위하여 힘써야 한다.

이러한 관점에서 황병구 형제의 저서는 신앙인다운 책임적 삶을 꿈꾸고 실천하려는 그리스도인들에게 매우 구체적인 도움을 주는 길잡이가 될 것이라 확신한다. 복음적 영성과 삶과 직무의 현실을 꿰뚫는 전문성을 담보하는 신앙적 지혜가 명쾌한 필치로 표현되었기에 더욱 도움이 될 것이다. 단순한 이론 소개도 아니며, 주관적인 자기 간증도 아니면서도 탄탄한 이론적 기초를 토대로 하고 있으며, 실존적 체험으로 소화된 내용이 명료하게 소개되고 있다.

특별히 능력과 관계성과 책임성과 시간적 역사성을 함께 아우르는 저자의 통찰은 매우 창의적이며 복음적이다. 한정된 시간 안에서 개인으로서의 삶의 의미와 공동체적 책임을 함께 붙들려는, 온몸으로 드리는 그의 예배는 한국 기독교인들 모두가 추구하여야 할 '영적 예배'로의 초대라고 부르고 싶다. 이 책은 이러한 삶이 바로 우리의 아버지를 진정으로 붙들었을 때 가능함을 매우 설득력 있게 호소하고 있다는 점에서 더욱 도전과 소망을 준다. 특별히 다음의 진술은 새삼 곱씹어 볼 만한 지혜의 잠언으로 소개하고 싶다.

"그분은 나의 기도에 언제나 귀 기울이시는Available 카운슬러고, 나의 일상을 책임지시는Responsible 아버지고, 오락가락하는 사람들의 마음과는 달리 한결같이 믿을 만한Trustable 주님이다."

| **임성빈** 장신대 교수, 기윤실 공동대표

책을 시작하며

버스 보고 뛰지 말자

●○● "버스 보고 뛰지 말자!" 내가 접한 어느 집 가훈이다. 지금껏 오래 기억하고 있는 이유는 단순히 재미있어서라기보다 짧은 글 안에 있는 비유적인 삶의 지혜 때문이다. 물론 주위를 둘러보면 재미있는 가훈이나 급훈, 교훈들이 많다. "포기란 배추를 셀 때나 하는 말이다." "This가 한 갑이면 공책이 두 권이다!" "주식을 하지 말자, 보증을 서지 말자, 밥은 먹고 살자!" 등등.

버스를 보고 뛰어가는 상황은 다음 중 한 가지일 터. 먼저는 정류장에서 기다리고 있다가 막 도착한 버스가 정류장을 조금 지나쳐 정차했을 때다. 가지런히 줄 서있던 사람들이 순간 대열을 흩트리며 버스 승차구 쪽으로 달려간다. 천천히 줄 맞춰서 걸어가서 승차하는 경우를 보기란 쉽지 않다. 다른 한 경우는 집을 나서서 정류장을 향하고 있는데 큰 길 저편에서 내가 타려는 버스가 정류장을 향해 들어오는 때다. 여유 있던 발걸음이 순간 뜀박질로 변해서 정류장으로 질주한다. 가까스로 버스를 잡아타기도 하지만 더러는 막 떠난 버스의 엉덩이를 두드리며 세워 달라고 하는 경우도 있다. 버스 안의 승객들이 애처롭게 바라보는 경우다. 요새 말로 '안습'인 상황이라고 하겠다. 모두 여유 없는 도시인의 각박한 현실을 보는 듯해서 씁쓸하다.

지금은 전광판에서 버스 운행 현황을 알려 주는 곳도 있고 버스 운행 간격에 대한 안내도 잘 되어 있는 편이다. 하지만 몇 년 전까지만 해도 엄청 기다렸던 버스가 만원이 되어서 정류장에 정차하고, 아귀다툼을 벌이며 꾸역꾸역 올라탄 이들을 실은 버스가 뒤뚱거리며 가까스로 정류장을 떠나고 나면, 얼마 되지 않아 좌석 여유가 넉넉한 같은 방향 버스가 우아하게 승객을 맞이하는 광경을 흔히 경험했었다. 그저 교통 체증 때문이라고만 생각하지 말고 따져 보려고 치면 이런 설명이 가능하다. 어느 정류장에서인가 버스를 보고 허겁지겁 뛰어온 누군가가 버스를 다소 지체시키고, 그 다음 정류장에서 그만큼 더 기다리게 된 승객들은 평소보다 몇 명 더 타게 되면서 좀 더 버스를 지체시키고, 이 상황이 반복되면서 앞선 버스는 점점 만원 버스가 되고 뒤따르는 버스는 그만큼 여유로워지는 결과를 낳았으리라. 개인의 각박함은 그 사람에게만 머무르지 않고 주변까지 각박하게 하고 많은 이들을 고통스럽게 할지 모르는 일이다.

알고 보면 버스 보고 뛰지 말라는 그 집 부모님의 가르침에는 교훈과 배려가 동시에 들어 있다. 하나는 미리미리 준비하고 여유 있게 출발해서 조급함 없이 하루를 시작하라는 교훈이다. 또 하나는, 그런 일로 허겁지겁 뛰어다니다가 넘어져 다치거나 가방을 엎기보다는 안전하게 일상을 보내라는 부탁이다. 물론 품위를 지키라는 당부도 담겨 있는 듯하다. 나는 자녀의 안전과 품위를 생각하는 두 번째 의미에 사뭇 감동을 받았다. 이 땅의 많은 이들이 무엇이 되던 간에 놓치지 말고 꼭 쟁취하라고 가르치는 시대에, 세상을 거스르며 살라고 풍자와 해학을 섞어 가르침을 주신 것이기에 더욱.

어쩌면 나도 이 책에 담은 글들을 통해 우리 삶 가운데 이런 저런 의미와 모습으로 버스가 도착할 때마다 동분서주하며 버스를 놓치지 않으려는 모습을 꼬집어 보고 싶었던 모양이다. 그리고 평안과 품위를 지키며 사는 삶에 대해 전하기를 몹시 원했던 것 같다. 내가 요금을 치르고 당당히 이용하는 버스이건만 그 버스에 매여 쫓고 쫓기며 살아가고 있다면 아니 될 말이기 때문이다.

이 책에 담긴 내용은 대부분 필자가 2006년 말부터 지난 3년간 100여 곳에서 진행한 성경적인 시간관리 강의의 내용을 재구성하고 보완한 것들이다. 물론 강의에서 시간상 소개하지 못한 내용들도 포함되어 있다.

ETMEvent Time Management(사건시간경영법)이라고 불린 내 강의에 대한 반응은 대체로 두 가지였다. 그중 한 가지는 "속았다." 남들보다 앞서가기 위해 규모 없는 생활을 바로잡고 나름 효율적으로 살아가려고 첨단 시時테크를 배우러 왔는데, "관계를 중심으로 인생을 바라보라"는 둥, "스티븐 코비는 비겁하다"는 둥 듣도 보도 못했던 주장을 하면서, 닭살 돋는 연애담이나 자랑하고 서로 사랑하라는 성경 말씀을 전하니 이거 제대로 낚였다는 반응이었다. 또 한 가지는 "올레!"Olleh 지금껏 팍팍하고 숨 막히는 시간관리 강의를 통해 스스로 그런 부류의 전략적 마인드를 가진 사람은 아니라고 좌절하고 답답해하던 분들에게 모종의 자유와 해방감을 준 것이다. 이를테면 그동안 전통적 시간관리에 대해 패배감을 가졌던 분들에게 새로운 희망의 패러다임을 선물한 것이었다.

종합적으로 이야기하면 "안심하고 읽으시라!" 아직도 지은이는 셀프리더십코치로 두루 불려 다니며 시간과 재정에 대해 강의를 멀쩡히 하고 있고, 이렇게 그 내용을 책으로 엮어서 동네방네 소문내려는 멋진 출판사도 있으니, 지은이의 진심에 조금이라도 다가갈 수 있다면 건질 것이 그리 적진 않으리라 기대하셔도 괜찮다.

이제 마지막으로, 내가 개인적으로 좋아하는 불세출의 크리스천 펑크락 밴드 '코드셋'이 부른 '그 버스 타면 집에 가요'라는 노래의 가사를 소개하면서 바야흐로 '시時테크를 빙자한 인생관 개조 프로젝트'를 시작하려고 한다. 우리네 인생 버스는 얼마나 일찍 타서 얼마나 빠르게 달리는가보다 어떤 버스를 누구와 함께 탔는지가 너무 너무 중요하기 때문이다.

그 버스 타면 집에 가요 135번
그 버스 타면 집에 가요 135번
언제든지 어디서나 그 버스만 타면

언제든지 어디서나 집에 갈 수 있어

그 버스 타면 집에 가요 예수님

그 버스 타면 집에 가요 예수님

나는 구원 버스 올라타고서 하늘나라 가지요

죄악 역 벗어나 달려가다가 다시 내리지 않죠

차표 필요 없어요 주님 차장되시니 나는 염려 없어요

나는 구원 버스 올라타고서 하늘나라 가지요

그 버스 타면 집에 가요 예수님

그 버스 타면 집에 가요 예수님

2009년 12월 마흔 두 번째 삶의 기념일을 앞두고

— 지은이 황병구

Contents

- **추천사** 4
- **책을 시작하며** – 버스 보고 뛰지 말자 12

CHAPTER 1
진정한 삶의 기술 • The Art of True Life

사랑의 기술 24
능력 쌓기 너머에 있는 기꺼움 – Available Ability 29
관계 맺기 너머에 있는 책임 – Responsible Relationship 36
시간관리 너머에 있는 신뢰 – Trustable Time management 42
"텔미!" 혹은 "소원을 말해 봐!" – 모세, 사무엘, 이사야, 예수 48

CHAPTER 2
사건시간으로 사고하기 • Thinking with Event Time

크로노스와 카이로스 56
유년기의 사건시간 – 둥근 해가 떴습니다 62
문화인류학적 사건시간 – 옥수수는 잘도 큰다 68
일상 속의 사건시간 – 배꼽시계와 24절기 75
"아직은 비밀이란다" – 예수님의 때 81

CHAPTER
3 축적된 기록의 힘 • The Power of Record

하나의 사건이 인생의 의미가 되기까지 90
그녀를 만난 지 100일 째 vs. 그녀의 손을 잡은 날 95
제 연애 노트를 공개합니다. 101
'적자생존'과 '남존여비'의 새로운 의미 108
"날마다 주님과 함께" - 큐티 노트 114

CHAPTER
4 시간관리 패러다임 바꾸기 • Relation-Centered Paradigm

시간을 저축할 수 있을까? - 모모 이야기 124
시간이 있다고 아무나 만나지 않는다 130
축적된 기록을 정렬하는 축 - 삶을 바라보는 두 종류의 창 136
삶의 다섯 가지 목적과 네 가지 관계 142
"우리의 삶은 유한한가?" - 영원한 관계에 투자하기 148

CHAPTER 5
과업중심 시계시간 관리법 다시 보기 •
Clock Time Management

일곱 가지 습관 간단 리뷰 156
전략과 전술: M.O.S.A.I.C. & O.A.T.S. 163
긴급한 일과 중요한 일 172
소중한 것을 먼저 하라 & 몇 가지 오해 177
"소중한 것은 정해져 있다" - J.O.Y.: Jesus & Other & You 182

CHAPTER 6
관계중심 사건시간 경영법 맛보기•
Event Time Management

소명의 삶을 가꾸는 첫걸음 190
그분과의 관계 가꾸기(예배가꿈)
- 받음과 새김, 누림과 드림, 섬김과 나눔 197
이웃과의 관계 가꾸기(서로가꿈)
- 내다보고 다지고 돌아보는 사랑 일기 202
자신과의 관계 가꾸기(하루가꿈)
- 여섯 사건이 자리 잡는 3-6-9 일정표 208
세상과의 관계 가꾸기(열매가꿈)
- 과업의 리듬과 하모니가 보이는 오선지 216

CHAPTER 7 **세월을 아껴야 하는 진짜 이유** • Redeem the Kairos

고지론(高地論)과 청부론(淸富論) 224

알뜰과 검소의 차이 232

모든 그리스도인의 공통적인 소명 - 서로 사랑하기 238

세상도 알고 있는 관계의 중요성 244

"카이로스를 구속하라" - 악한 세대 속에서 발휘할 지혜 251

● **책을 맺으며** - 템포만 빠른 멜로디에서 리듬이 숨 쉬는 하모니로 256

진정한 삶의 기술

THE ART OF
TRUE LIFE

Chapter 1

CHAPTER 01 THE ART OF TRUE LIFE

사랑의 기술

●○● 에리히 프롬Erich Fromm의 명저 《사랑의 기술 *The Art of Loving*》은 연애상담서의 탈을 쓴 철학서다. 짐작하건대 많은 청춘 남녀들이 별생각 없이 이 책을 읽었다면 모종의 배신감을 느끼지 않았을까? 나 역시 철없던 고등학교 시절에 조숙한 척하며 대학생 누나의 책꽂이에서 이 책을 몰래 빼내서 읽어 나가다가 그런 배신감을 심하게 느꼈었다. 무언가 실용적인 연애의 잡기雜技를 기대하고 뽑아 든 이 책에서 "인생이 어떻고 실존이 어떻고"라는 근본적인 논의가 한참 동안 계속된다는 것은 어찌 보면 일종의 고문이었다. 차라리 《화성에서 온 남자 금성에서 온 여자 *Men are from Mars, Women are from Venus*》같은 책이 실전 연애에는 한결 도움이 된다.

나의 부끄러운 과거에도 불구하고 나는 감히 내 이야기의 많은 부분이 이젠 고전이 되어 가고 있는《사랑의 기술》에서 다루어진 여러 논점들과 맞닿아 있다고 고백한다. 물론 그 무게와 깊이는 따라갈 수 없겠지만, 적어도 프롬이 말한 대로 삶과 사랑은 공히 '기술'art이라는 사실을 깨달아야 한다는 것, 그리고 그 기술을 습득하려면 필히 세 가지 과정, 즉 '이론'과 '실천'과 '숙달'의 과정을 거쳐야 한다는 것을 염두에 두게 되었다.

그리고 나아가 나는 우리 삶을 구성하는 시간에 대해서도 '사랑'과 '기술'의 관점에서 다루어 보고자 한다. 언제부턴가 나는 시간관리에 있어서 발휘해야 할 기술이야말로 사랑의 기술이라는 믿음을 가지게 되었다. 아마 이 책의 중간쯤에 다다르면 독자들에게 사랑한다는 것에 대해 여러 가지로 설명할 기회를 가지게 될 것이다. 이제 우리는 '사건시간'이라는 '이론'에 대해 알아 갈 것이며, '기록의 축적'이라는 '실천'을 통해 깨달을 것이고, 또한 '관계중심 다이어리'를 사용하는 '숙달'의 과정을 통해 그 기술을 익히게 될 것이다. 우선 프롬이 "사랑은 기술이다"라는 언명과 함께 우리에게 남긴 짧은 질문을 잠시 되새겨 보자.

> "사랑에 대한 뿌리 깊은 갈망에도 불구하고 사랑 이외의 거의 모든 일, 곧 성공, 위신, 돈, 권력이 사랑보다도 더 중요한 것으로 생각되고 있다. 우리 정력의 대부분이 이러한 목적에 사용되고 거의 모든 사람들이 사랑의 기술을 배우려고 하지 않는다. 돈을 벌거나 특권을 얻는

데 필요한 것만이 배울 만한 가치가 있다면, 오직 영혼에 유익할 뿐 현대적 의미에서는 아무런 이익도 없는 사랑은, 우리가 정력을 기울일 필요가 없는 사치에 지나지 않는 것일까?"

-에리히 프롬, 《사랑의 기술》 제1장 '사랑은 기술인가?' 중-

'진정한 삶의 기술'이라고 거창하게 제목을 단 첫 장에서 그 기술ART을 A와 R과 T로 나누어 새로운 의미들로 다루어 보려고 한다. 이건 순전히 나의 말놀이word play에 대한 집착과 습관 덕에 정리할 수 있던 개념이지만 혹 독자들이 이 책을 다 읽고 간단한 시험을 치르게 된다면 꼭 내고 싶은 다음 주관식 퀴즈 문제의 소재가 될 듯하다.

"이 책의 첫 부분에서 소개된 A.R.T.는 어떤 영문 단어의 첫 글자였는지 철자별로 두 개씩 여섯 개의 단어를 나열하시오."[1]

어떤 조직이나 모임에서 사람들을 평가할 때 여러 기준들이 있겠지만 두루 공감하는 영역은 세 가지 정도로 압축할 수 있겠다. 그중 먼저 꼽는 것은 '능력'Ability, competency이다. 현대사회가 무엇보다 능력을 중시하는 사회라는 것에는 이견의 여지가 없다. 오죽하면 최근 직장인을 대상으로 한 설문조사에서 성격이 더럽더라도 일 잘하는 직원이, 성격은 좋더라도 일에 서툰 직원보다 환영받는다는 결과가 공공연하게 언급되고 있을까. 성경의 단어를 빌어 꼬집자면 '악하고

1 정답은 Available Ability, Responsible Relationship, Trustable Time-management다.

충성된 종'이 '착하고 게으른 종'보다는 낫다는 이야기인 셈이다. 심지어 이제는 성공에 도움만 된다면 외모도 능력이고, 주량도 실력이고, 바람피우는 것까지도 경쟁력이라는 비뚤어진 주장이 나오는 판이다.

또 하나는 바로 '인맥'Relationship, network이다. 학연, 지연을 넘어서서 이제는 어느 교회 출신이냐 하는 것도 따지는 시대가 되었다. 한동안 세간에는 3S, 즉 서울대 나와서 삼성그룹에서 일하고 사랑의교회에 다니는 이가 알아주는 사람으로 통했는데, 이제는 '고소영', 즉 고려대 출신으로 소망교회에 다니고 영남 출신인 이가 알아주는 이로 옮겨 갔다는 속설이 있다. 물론 실력도 갖추고 인간관계도 두루 잘 맺고 사는 사람들을 뭐라 할 수 있는 문제는 아닐 것이다. 다만 그 현상을 고착화시키고 강화시키는 세태가 야속할 뿐이다.

마지막으로 이 책의 주제와 깊은 관계가 있는 '규모 있는 삶'Time-management, self-leadership이 평가의 기준이 된다. 허튼 곳에 시간 쓰지 않고 젊은 날 더 많은 것을 성취하기 위해 자기 삶을 전략적으로 꾸리는 이들이 주변의 부러움을 산다. 이젠 성공하는 사람들의 대명사가 된 프랭클린 플래너를, 그것도 CEO 버전으로 기록하며 자기를 관리하고, 스타일이 살아 있는 복장과 운동으로 다져진 몸매에, 언제 익혔는지 모르는 외국어 실력과 정돈된 언변까지 갖춘 이들은 많은 사람들의 주목을 받기에 마땅하다.

그렇다면 과연 이 세 가지만 가지고서 진정한 삶의 기술을 습득했다고 일컫기에 충분한가? 결코 아니다. 고위직 공무원으로 임명받기 위해 국회 인사 청문회에 나온 사람들 중에는 능력이 출중해서 많은 소득을 잘 숨겨 세금을 덜 내기도 하고, 제자들의 논문을 자기 것으로 둔갑시키기도 하고, 화려한 인맥으로 기업인들을 스폰서로 두기도 하고, 젊은 날을 허비하지 않고자 병역의 의무를 지혜롭게(?) 사절한 이들이 수두룩하다. 어떤 이들은 그들을 부러워하거나 샘내기도 할 테지만, 더 많은 이들이 적어도 그들을 존경하지는 않는다.

이제 이어지는 다음 글에서는 이 ART Ability, Relationship, Time-management를 넘어 다른 차원의 ART Availability, Responsibility, Trust에 대해 좀 더 자세히 다루어 보고자 한다.

능력 쌓기 너머에 있는 기쁨
– Available Ability

풍경 1) 감각이 살아 있는 피아노 반주로 많은 뮤지션들에게서 함께 일하자는 제안을 받고 있는 N교회의 K자매는 늘 고민이다. 몸담고 있는 교회 성가대 연습과 이런 저런 특별 순서 반주를 책임지고 준비하다 보면 주말은 물론 주중에도 전화를 받고 교회로 달려 나가게 되기 일쑤기 때문이다. 그래서 자신의 음악적인 은사를 귀히 여겨서 특별한 공연에 반주자로 함께해 달라는 요청을 어쩔 수 없이 거절하게 될 때 참 곤혹스럽고 괴롭다.

풍경 2) 프리랜서 웹 디자이너였던 M교회의 P자매는 교회 홈페이지의 리뉴얼 소식을 듣고 마음이 좀 불편했다. 2년 전 자신이 자원봉사로 구축했던 홈페이지였는데, 작년 초에 결혼한 후 바로 아이를 낳고 나니 지금은 남편의 도움 없이는 집 밖을 나서기도 힘들고, 집에서도 아이가 낮잠자는 시간 외에는 짬이 나질 않아 이번 리뉴얼 작업에는 기여할 수 없기 때문이다. 무척 하고 싶은 일이었지만 다음 기회로 미루기로 했다.

풍경 3) 외국계 컨설팅 회사에서 재무 컨설턴트로 일하는 Y형제는 요즘 모 시민단체로부터 새로운 사회적 기업 구상에 대해 무상으로 검토해 달라는 요청을 받고 생각이 복잡해졌다. 작년에 프로보노pro bono(선의로 행해진다는 의미. 전문가들이 자신의 능력을 기부하는 행위를 지칭함)로 한 장애인 복지단체의 재활 사업을 무료로 컨설팅해 준 사실이 소문이 나는 바람에, 올해부터는 여기저기서 비슷한 요청들이 들어오곤 하는데 그때마다 난감하기 짝이 없다. 사실 자신은 동의할 수 없는 취지로 벌이는 사업들도 많고, 그렇다고 제대로 컨설팅 비를 요청할 수도 없다는 것을 잘 알기 때문이다.

위의 사례들은 '능력'은 있지만 '여건'이 안 되거나, '시간'이 없거나, '기꺼움'이 없기 때문에 그 능력을 발휘할 수 없는 경우들을 모아본 것이다. 사실 우리들의 '능력'은 발휘될 수 있는 조건을 만나야 능력으로서 작용한다. 바로 그 조건들이 충족되었을 때 우리는 그 능력을 '쓸모 있다'be available고 이야기한다. 이번 장에서 이야기하고자 하는 조건이 바로 이 '쓸모'availability다.

요사이 20대 실업과 더불어 회자되고 있는 스펙specification(제품의 사양, 구조, 성능 등을 일컫지만 종종 인재가 갖춘 구체적 능력들을 지칭하는 말이다)은 언제 어떻게 쓰일지 모르는 가능성의 집합체이다. 사실 우리는 스펙이 좋은 응시자들에게 높은 점수를 주기 마련이지만, 정작 그 많은 스펙들이 어떻게 활용되었는지, 어디에서 발휘되었는지에 대해서는 잘 살펴보려고 하지 않는다.

지난 9월 면접관으로서 초청되어 내가 응시자들에게 한 질문은 다음과 같았다.

"○○○씨는 영어 능력이 출중한데, 그 능력을 의미 있게 발휘하신 적이 있다면 이야기해 주세요."

"×××씨는 프레젠테이션 능력이 남다르신데, 어떤 프로젝트를 위해 누구를 설득하는 데 사용하셨는지 말해 주시죠."

그리고 높은 점수를 주었던 답들은 이런 것들이었다.

"전 대학교 3학년 때 한 학기를 휴학하고, 필리핀 마닐라 근교에 있는 어린이 도서관에서 자원봉사를 했습니다. 그때 영어로 책을 읽어 주면서 스토리텔링을 하는 방법도 익히게 되었습니다."

"전 기독동아리 연합으로 진행된 북한 긴급 구호 모금 공연 행사를 위해 대학 주변 지역 교회 목사님들을 찾아뵌 자리에서, 소속 청년들을 공연에 보내 주실 것과 일정한 후원금을 작정해 주실 것을 요청하는 프레젠테이션을 맡아 성공적으로 동참을 이끌어 냈습니다."

나는 진정한 삶을 위해 발휘되어야 할 기술 중에 하나는 단순히 능력 그 자체가 아니라, 쓸모와 대상을 지닌 능력이라고 단언한다. 의미 있는 사건을 위해 자신의 능력을 발휘할 여건과 시간을 만들고, 어떤 이를 향한 열정과 기꺼움을 담아야 한다는 말이다. 성경에서 하나님의 쓰임을 받은 많은 이들은 단지 능력만 출중한 것이 아니라 하나님의 부르심에 기꺼이 순종하고 반응했다. 이는 능력을 표면적으로 바라보는 우리의 시선이 능력 이면의 태도와 동기까지 뚫어 봐야 함을 보여 준다.

아울러 '헌신'이라는 말도 무겁게 생각하면 한없이 무거워지지만, 나의 능력을 선한 일을 위해 언제나 사용 가능한, 즉 '예비'stand by된 상태로 만든다는 관점에서 해석한다면 한층 어깨가 가벼워질 것이다. 이 '쓸모'는 사람들의 능력에 국한되지 않는다. 예수님께서 예루살렘에 입성하실 때 타셨던 나귀도, 만찬을 나누셨던 다락방도, 돌아가신 후 잠시 머무르셨던 무덤도 모두 이러한 관점에서 동일하게 바라볼 수 있다. 다시 말해 이런 것은 주님을 위해 '예비'된 것들이었다.

한 가지 경계해야 할 것은 어떤 능력을 쌓고 또 쌓아서 고차원의 능력이 되면 될수록 그 능력을 선하게 발휘할 수 있는 시공간이 점점 더 협소해지는 경향이다. 인간의 본성상 돈을 벌면 벌수록 그 돈을 유지하거나 더욱 불리려고 투자 자본으로 사용하기가 십상이고, 선하고 아름다운 일에 나누게 될 확률은 상대적으로 낮아지는 것과 그 궤를 같이 한다고 볼 수 있다.

나는 12년 전 〈복음과 상황〉이라는 월간지에 기고한 글[2]에서 각 분야 최고 전문가의 자리인 '고지'高地에 진출하는 것보다는 남들이 잘 가려 하지 않는 '미답지'未踏地로 가는 것이, 남보다 높아지려는 인간의 본성에 휘말리지 않을 뿐더러 하나님의 뜻에 더욱 합당한 선택이라는 주장을 펼친 바 있다. 능력에 대해서도 그 연장선상에서 비슷한 주장을 한다면, 경쟁의 대상이 되고 있는 소위 잘 팔리는 능력을 추구하지 말고, 남들이 주목하지 않는 능력을 갖추라는 것이다. 이것은 그 능력의 가용성, 즉 쓸모availability를 높이는 자연스러운 결과를 가져올 것이고, 나와 이웃과 세상을 위해 하나님의 뜻을 펼치는 데 더욱 유익하리라.

그럼 많은 이들이 다시 물어볼 것이다. 과연 세상에서 경쟁력을 갖추면서도 남들이 잘 주목하지 않는 능력이 존재할 수 있는가? 괜히 우아한 척하기 위해 그럴 듯한 주장으로 호도하는 것은 아닌가? 언뜻 답이 쉽지 않은 질문이다. 꾸준히 그러한 능력들을 발견해 가야하겠지만, 일단 요즘 핫이슈인 교육 문제를 통해 간단히 답을 구해 보려고 한다.

입시 시장에서 잘 팔리는 능력은 '선행 학습 능력'이다. 이 능력을

2 '미답지론-스물두 살의 작은 예수들에게'

사모하며 좇아가다가 많은 이들이 중도에 좌절했다. 알고 보니 이 능력은 상위 5퍼센트의 학생들이 경쟁하는 방식에서만 통용되는 능력이었음이 입증되었단다. 중상위권 학생들에게는 곁눈질기만 두어 번 하게 하는 해악으로 작용한단다. 그래서 사람들이 주목한 능력은 '자기주도적 학습 능력'이다. 그러나 이 능력에 희망을 걸고 좇아가던 많은 이들이 한 번 더 당황스러워한 대목은, 이 능력 역시 안정적인 교육환경이 확보된 이들에게만 유효하다는 것이었다. 이 능력은 일정시간 개인적인 멘토 또는 보조교사가 동원되는 고비용 구조를 필요로 했고, 심지어 이 능력은 '선행 학습 능력'을 지닌 이들이 동시에 집중하고 있는 이른바 '세트 메뉴'였다.

한편, 그때까지 사람들이 주목하지 못한 능력이 있었는데 그것은 '복습 능력'이었다. 이 능력을 지닌 학생들은 다소 속도가 떨어지기는 하지만 큰 좌절을 경험하거나 당황하지 않는다. 또한 재정적인 낭비를 막으며 본인이 원하는 진로를 무난히 찾아간다. 메가스터디 인기강사였던 교육평론가 이범 씨는 '천재란 복습이 필요 없는 사람'이라고 정의하면서 자기 아이가 천재가 아니라면 복습에 시간을 투자하게 해야 한다고 일갈한다.

또 하나가 있다면 그것은 '수업 집중력'이다. 통계적으로 서른 명의 학생 중 다섯 명 정도가 교사의 학교 수업에 정상적인 반응을 보이며, 결국 교사들은 이들의 수준에 맞추어 수업을 진행한다는 보고가 있다. 나아가 수업 집중력을 갖춘 학생들은 선생님과 유대감을 갖게 되고 학습에 대한 질문과 답변에 있어서의 충실도는 물론, 교실 밖에서의 진로 지도와 생활 상담에 있어서도 만족도가 높다는 것이다. 전인교육이라는 큰 틀로 본다면 이 '복습 능력'이나 '수업 집중력'도 학업 성취에 국한된 지엽적인 능력에 불과할 테지만, 우리가 간과하고 있는 본질적 능력들의 예를 보여 주기 때문에 여기서 언급해 보았다.

사실 나는 다음으로 논의가 이어지는 책임감responsibility과 신뢰trust의 문제야말로 남들이 잘 주목하지 않아 자칫 간과하기 쉬운 본질적 능력에 해당한다고 말하고 싶어서 입이 근질근질했다. 책임감과 신뢰는 자신의 능력을 의미 있게 활용하도록 기꺼이 삶을 디자인해 가는 이들에게 필연적으로 동반되는 요소다. 적어도 지금 이 책을 읽고 있는 독자들에게는 두말할 나위가 없다.

관계 맺기 너머에 있는 책임
– Responsible Relationship

●○● 내 휴대전화 전화번호부에는 530명의 번호가 저장되어 있다. 꽤 많은 편이라고 생각하며 아내의 단말기를 엿보았는데 웬걸, 아내는 550명이 넘는 번호를 저장하고 있었다. 알아보니 대부분의 휴대전화가 1,000개의 이름과 5,000개의 전화번호를 저장하는 공간을 제공하고 있었다. 누구나 업무 회의 중에 전화가 울리는 경우, 휴대전화 단말기에 떠오르는 이름을 보며 잠시 고민한다. 일단 무시해야 할지 아니면 주변의 양해를 구하고서라도 받아야 할지 각자 나름대로 기준이 있을 것이다. 그것은 전화를 건 상대가 내게 얼마나 중요한 존재인지에 따라 좌우될 것이고, 달리 표

현하면 전화 건 이와의 관계에 내가 책임을 느끼는지 아닌지의 문제로 요약될 것이다.

속해 있는 공동체, 업무상 알고 지내는 사람, 오랜 친구, 가족의 일원 등등 내가 관계 맺고 지내는 사람들은 수도 없지만 내가 책임을 느끼는 관계, 나아가 서로 책임을 느끼는 관계가 얼마나 되는지 돌아보면 그다지 많지 않음을 깨닫게 된다. 그래서인지 함석헌의 시 '그대 그런 사람을 가졌는가?'에 나오는 "만리길 나서는 길 처자를 내맡기며 맘놓고 갈 만한 사람 그 사람을 그대는 가졌는가"란 대목이 남의 말처럼 들리지 않는다.

2,000년 전 예수님을 좇던 무리는 수천 명에서 수만 명 단위로 보인다. 오병이어의 기적을 맛본 사내들만 5,000명이었으니 아낙네들과 아이들을 합하면 만 명을 훌쩍 넘었을 것이다. 예수님은 원하신다면 그들 모두와 온전한 관계를 맺을 수 있는 전능하신 분이셨지만, 특별히 열두 명의 제자와 책임지는 관계를 맺으셨다. 제자들과 함께 먹고 자고 메마른 땅을 거닐며 풍랑도 겪고 폭도들에게 쫓기는 삶을 사셨다. 그리고 제자들의 발을 씻기시며 그들을 위해 기도하셨다.

요한복음 13장 1절에는 예수님이 그들을 사랑하신 방식이 기술된다. 세상에 있는 자기 사람들을 사랑하시되 '끝까지' 사랑하셨다는 예수님의 사랑 방식이다. 이 방식은 최후의 만찬석상에서 유다가 몰래 도망가기 전까지 다른 제자들과 똑같이 그의 발을 씻기신 것으로 구현된다. 나아가 예수님은 세 번씩이나 스승을 부인하고 고기 잡으러 고향으로 내뺀 베드로를 다시 찾아가서 "나를 사랑하느냐?"고 거듭 물으시던 스토커셨다.

또한 예수님과 제자들의 관계는 예수님께서 일방적으로 책임을 지는 관계가 아니라 상호적인 관계였다. 제자들에게 신세지는 것을 마다하지 않으셨던 삶이었다.

> 예수께서 그 모친과 사랑하시는 제자가 곁에 섰는 것을 보시고 그 모친께 말씀하시되 여자여 보소서 아들이니이다 하시고 또 그 제자에게 이르시되 보라 네 어머니라 하신대 그때부터 그 제자가 자기 집에 모시니라 (요 19:26~27)

십자가에 달리셔서 하신 일곱 말씀 중 하나인 위의 구절을 알기 쉽게 풀어 쓴다면 한마디로 "울 엄마를 부탁해!"다. "어머니, 제가 떠나더라도 이제 요한이가 어머니 노후를 책임질 겁니다. 슬퍼하지 마세요. 그리고 요한아, 우리 엄마를 부탁해. 잘 모시렴."

알고 보면 예수님은 부활 후 하늘로 올라가신 이후에도 제자들과 교회를 책임지는 자세를 잃지 않으신다. 요한복음 14장에서는 또 다른 보혜사인 성령님을 보내셔서 영원토록 우리와 함께 계시게 하겠다고 하시며, 우리를 고아와 같이 버려두지 않겠다고 약속하신다. 한마디로 확실하게 책임지시는 분이다.

인도하고 인도를 받는 관계에도 여러 유형이 있다. 지도자와 추종자, 선생과 학생, 코치와 선수, 멘토와 멘티, 그리고 아비와 자녀 등등이다. 차례로 영어 표현을 빌면 Leading, Teaching, Coaching, Mentoring, Fathering에 해당하는 이 관계들은 각기 다른 차원으로 설명된다. 리더는 목적을 향해 앞장서서 이끌고, 선생은 시비와 진위를 가려 주고, 코치는 선수의 역량을 조련시키고, 멘토는 멘티의 인생을 상담한다. 그럼 아비는 자녀에게 어떤 존재인가? 나는 아비는 자녀를 책임지는 존재라고 표현하고 싶다. 그래서 사도 바울도 고린도교회에게 이렇게 권면했다.

> 내가 너희를 부끄럽게 하려고 이것을 쓰는 것이 아니라 오직 너희를 내 사랑하는 자녀 같이 권하려 하는 것이라 그리스도 안에서 일만 스승이 있으되 아비는 많지 아니하니 그리스도 예수 안에서 내가 복음으로써 내가 너희를 낳았음이라 그러므로 내가 너희에게 권하노니 너희는 나를 본받는 자가 되라 (고전 4:14~16)

종종 이 아비와 자녀의 관계는 신랑과 신부, 목자와 양으로도 등치되는 영적 관계지만 나는 아비와 자녀의 관계에서 특별한 한 가지의 비밀을 더 발견하게 되었다. 그것은 앞서 말한 대로 '서로'가 책임지는 관계라는 것이다. 더욱이 아비가 자녀의 신세를 지게 되는 상황을 아비는 기뻐한다는 것이다. 아버지 차범근 감독과 아들 차두리 선수가 2006년 독일월드컵 축구의 공동 해설을 하던 장면 중 유명한 일화가 있다.

스페인 대 우크라이나 예선전에서 마침 중계 카메라에 스페인의 왕자 부부가 경기를 관전하는 모습이 잡히자 스페인 왕자 부부임을 알아보지 못한 김성주 캐스터가 자기 나름대로 귀빈석과 선수들의 물먹는 모습을 비교해서 설명했다. 김성주 캐스터의 어색한 설명이 끝날 때까지 느긋하게 기다리던 차두리는 스페인 펠리페 왕자 부부에 대한 설명과 함께 이들이 스페인 대표팀 경기에 참관해서 축구에 대한 관심을 보여 주고 있다고 덧붙였다. 이에 김성주 아나운서는 차두리에게 "경기 중에 아는 사람이 나오면 빨리빨리 좀 얘기해 주시기 바랍니다. 제가 좀 당황스럽습니다. 차범근 해설위원도 몰랐고 오로지 차두리 선수만 알고 있었는데"라고 말해 중계석을 한바탕 웃음바다로 만들었다는 일화다.

이 일화 이후 차범근 감독이 중앙일보에 실은 칼럼은 그때 아비로서의 기분을 잘 이야기해 주고 있다. 외국 선수들의 사생활까지 줄줄 꿰고 있는 아들로 인해 해설 시간이 든든하다며, 축구 경기 자체밖에 모르던 자신보다 축구 팬들에게 필요한 현장감 있는 경험과 정보를 지닌 아들을 자랑스러워했다. 같은 독일 분데스리가에서 축구를 하더라도 자신은 경쟁 속에서 성공을 위해 뛰었지만, 지금 아들은 소풍 가는 소년처럼 경쟁자들의 사인볼을 수집하면서 행복 속에서 축구를 즐기고 있다며 한껏 부러워했다.

자녀가 자기의 한계를 넘어서는 것, 그리고 자녀의 신세를 지게 되는 것은 아비에게도 기쁜 일이다. 부럽고도 감사한 일이다. 세상의 많은 리더들이 자신을 따르던 자들이 자기를 앞지르는 것을 참기 힘들어하고 질투하지만, 아비들은 가능하다. 예수님도 제자들이 자신보다 더 큰일도 행할 것이라고 예언하시지 않았는가?

나는 우리 집안의 막내다. 여든 다섯 고령의 아버지와 엘리베이터를 같이 사용하는 작은 아파트 단지에서 함께 산다. 건강을 위해 매일 지하철과 버스를 이용해 나들이를 하시는 아버지가 가끔 사무실까지 찾아오시면, 점심도 사드리고 용돈도 챙겨드린 후 지하철역 계단을 다 내려가실 때까지 부축해 드린다. 아버지의 표정엔 막내의 주머니를 털어 점심을 드시고 부축받으시는 것이 즐겁다고 써있다.

책임지는 관계는 끝까지 사랑하는 관계다. 서로가 잘되는 것이 흐뭇한 관계다. 신세지는 것이 불편하지 않은 관계다. 누가 누구에게 짐이 된다는 생각이 들지 않는 관계다. 생각해 보라. 많지는 않겠지만 누구에게나 그런 관계가 이미 존재한다. 서로를 이용하고 형편에 따라 가까워졌다 멀어졌다 하는 경박한 관계가 아니지 않은가? 관계 맺기에 급급한 우리에게 그 너머에 있는 책임에 대해 이야기해 주는 이가 있다면 주저하지 말고 그와 서로 책임지는 관계를 맺으라. 더디지만 그런 관계를 확장시키는 것이 진정한 삶의 기술이자 본질적인 능력이다.

시간관리 너머에 있는 신뢰
– Trustable Time-management

●○● 제2차 세계대전 시기에 개발된 마이어스-브릭스 유형 지표Myers-Briggs Type Indicator, MBTI는 캐서린 쿡 브릭스Katharine C. Briggs와 그의 딸 이사벨 브릭스 마이어스Isabel B. Myers가 카를 융Carl Jung의 성격유형 이론을 근거로 개발한 성격유형 선호 지표다. 네 개의 영역으로 구분된 성격을, 영역마다 두 개의 대조적인 성격유형을 설정해 전체적으로는 16가지의 성격유형으로 사람들을 구분해서 심리 상담의 기초 자료로 활용된다. 요즘에는 기업들도 직원들의 성격유형을 파악하는 것을 선택적으로 실시하고 있고 보직 배치나 의사소통에 참고 자료로 삼기도 한다.

세 번이나 검사를 해봤지만 나의 MBTI 유형은 번번히 INTJ였다. 나는 사람을 만날 때(E)보다 혼자 있을 때(I) 더 에너지를 얻고, 객관적인 사실 정보(S)를 통해 판단하기보다 정보 너머에 있는 연관성과 의미들을 직관(N)을 통해 파악하기를 좋아하고, 갈등이나 위험에 처했을 때 그 원인을 알아내거나 해결하기 위해 감정(F)에 의지하기보다 이성(T)을 사용하고, 계획대로 일이 잘 진행되지 않았을 때나 약속이 흐트러질 때 그러려니 용납(P)하질 못하고 스트레스를 받는(J) 유형이다. 물론 이 몇 마디로 나의 성격유형을 충분히 설명할 수는 없지만 기억에 남는 종합적인 내 성향의 특성 중 하나는, 즐겁고 흥겨운 분위기를 단 몇 마디로 썰렁하게 만들 수 있는 사람이라는 것이었다.

그래서인지 오랜 친구들 회식 모임에 좀 늦게라도 합류할 때면 농담반 진담반으로 "야, 병구 왔다. 이제 가자"하며 갈 채비를 하는 짓궂은 친구들이 있었다. 두 가지 의미였다. 하나는 기다리던 친구 얼굴 마침내 봤으니 그만 모임을 마쳐도 후회 없다는 좋은 뜻이었고, 또 하나는 이제 병구가 와서 흥겨운 이야기보다는 썰렁하고 진지한 이야기가 이어질 테니 관심 없는 이들은 자리 털고 일어나야겠다고 꼬집는 뜻이었다. 물론 우정이 돈독한 친구 사이여서 할 수 있는 이야기였고, 그렇다고 정말 모임을 정리한 적은 사실 없었다.

이 모임에는 내 경우처럼 친구들끼리만 통하는 은어적 표현들이 몇 개 더 있었는데, 그중 하나가 "민석이 내일 아침 시험 아니냐?"라는 말이었다. 이 은어의 주인공인 민석이(가명)는 중고생 시절은 물론 대학에 진학해서까지 늘 동기 모임에 나오면 가장 먼저 일어나면서 "나 내일 아침 시험이라서"를 연발하던 녀석이었다. 물론 우등생이었고 대학도 번듯하게 진학해서 대학원까지 졸업한 재원이었지만, 늘 자리를 먼저 뜨던 그를 탐탁지 않게 생각했던 친구들은 결국 그 친구 별명을 "내일 아침 시험이라서"라고 붙였다.

나는 친구 민석이가 자기 나름대로 학생으로서의 본분과 진학 준비를 위해 최선을 다해 누구보다 규모 있는 삶을 살려 했고, 더 중요한 목표를 위해 눈앞의 즐거움을 절제할 줄 알았다는 데에는 이견이 없다. 그런데도 2퍼센트 부족한 느낌이 드는 것은, 주변 사람들이 그 친구를 자기중심적이고 이기적인 인물로 기억한다는 것 때문이다. 그런 민석이에게 주변 친구들은 무언가 동기 모임을 위한 기여를 기대할 수 없었고, 무언가를 믿고 맡길 수도 없었고, 흉금을 털어놓는 허물없는 대화 상대로 여길 수도 없었다. 정리하자면, 당시 나는 친구들에게 너무 진지한 인물이었고, 민석이는 너무 자기중심적인 인물이었다.

효율적이고 합리적인 시간관리를 통해 더 많은 목표를 성취할 수도 있고 더 많은 것들을 소유할 수도 있겠지만, 그 과정에서 획득해야 하는 필수적인 가치 덕목이 있다면 그것은 '신뢰'다. 주변의 신뢰를 잃어버린 성취와 소유는 시기와 질투의 대상이지 존경과 칭송의 대상이 아니기 때문이다.

신뢰에는 몇 가지 측면이 있다. 기능적인 신뢰와 윤리적인 신뢰가 있는데 이 둘은 서로 동반되어야 완전한 신뢰로서 가치를 얻게 된다. 간단히 예를 들자면, 수술 실력이 좋은 외과 의사는 실력으로 신뢰를 받을 수 있지만, 그 사람이 환자의 치료비를 횡령하거나 바가지를 씌운다면 이는 윤리적인 신뢰를 잃게 된다. 반대로 참으로 정직해서 큰돈을 안심하고 맡겨 놓을 수 있는 재무설계사가 있더라도 그가 역량이 모자라 번번이 투자에 실패한다면 맡겨 놓은 큰돈은 이내 줄어들고 말 것이다. 따라서 윤리성이 신뢰의 유일한 토대일 수는 없다. 매우 윤리적이지만 과학적으로 무능한 사람의 과학적 판단을 우리는 신뢰하지 않는다. 그러나 다른 한편 과학적 능력이 뛰어난 사람의 과학적 판단을 신뢰할 때 우리는 그가 거짓말을 하지 않을 것이라고 전제한다. 그러므로 타인에 대한 신뢰에서 윤리성은 충분조건은 아니지만 필요조건인 셈이다. 우리는 몇 년 전 온 나라를 떠들썩하게 했던 두 가지 사건을 기억한다. 국제학술지 논문의 연구결과를 위조했던 한 생명공학 과학자와 미국 최고위 학력을 위조했던 큐레이터 출신 예술인의 자기 확신에 찬 변명에 우리 모두 아연실색했다.

많은 이들이 규모 있는 삶을 꾸리는 데 있어서 간과하는 부분은 바로 그 계획들이 자기 주변의 다른 이들과 어떤 관계를 지니는지에 대한 살핌이다. 나아가 내가 속한 공동체에 어떤 영향을 끼치는지에 대한 고려다.

이것은 우리의 삶을 육상경기 같은 개인 기록경기로 파악하느냐, 축구나 야구 같은 단체경기로 파악하느냐의 문제와도 연결되어 있다. 우리 삶에는 개인의 역량과 성취를 극대화하는 것만으로는 승부가 나지 않는 겨룸이 많다. 대학 수업들도 팀별 프로젝트로 과제와 시험을 진행하는 것을 빈번히 보게 된다. 변호사의 세계에도 개인 역량으로 감당할 수 없는 로펌의 조직력이 엄존한다. 사실 마라톤 같은 긴 경주나 쇼트트랙 같은 짧은 경주에도 팀플레이가 있다. 뜯어 보면 결코 개인전이 아니다. 라이벌의 견제를 감당하는 선수, 주전 선수의 컨디션을 극대화하기 위해 경주 일부를 동반해 주는 페이스 세터pace-setter들이 따로 존재한다.

물론 가장 이기적으로 살아야 할 절대적인 시기가 있다. 철저하게 보호받아야 하는 시기다. 대표적인 시기가 영유아기다. 이기적이라기보다는 의존기라고 표현해야 더 적절하겠지만 가장 좋은 영양, 가장 좋은 환경, 가장 좋은 교육을 공급받아야 하는 시기라고 해도 된다. 또 성인이라 할지라도 질병이나 외상으로 건강에 지장을 입었을 때는 무조건 몸의 회복을 위해 전념해야 한다. 정신적으로 우울증에 걸렸을 때도, 갑작스러운 실직으로 경제력을 잃었을 때도, 배우자와 사별하는 등의 큰 충격을 받았을 때도……. 그 순간은 내게 가장 유익한 것이 무엇인지 판단하고 선택해야 하는 시기다. 이럴 때는 도리어 당사자가 주변을 살피고 공동체를 신경 쓰는 모습은 어울리지도 않고 적절하지도 않다고 보인다. 환자가 의사나 병원을 위해 희생하는 것이 이상한 것과 같다.

다만 우리가 세우는 보편적인 일상의 계획 가운데, 그리고 그 계획을 지키려고 애쓰는 동기와 과정 가운데, 과연 나를 믿어 주고 도와주고 사랑하는 사람들을 충분히 감안하고 있는가를 자문해 보아야 한다.

시간관리의 목적은 자투리 시간을 구두쇠처럼 아껴서 일상을 빼곡하게 활용하는 데 있지 않다. 굳이 윤리적으로 말하지 않고 실용적으로 말한다면, 누군가가 내게 기회를 줄 수 있도록 내 삶의 신뢰가치를 높이는 데에 있다. 금융 용어로 통역하면 신용信用, Credit이다. 신용은 일련의 결과면서 새로운 일련의 사이클을 돌리는 기초 자산이다. 신용을 쌓는 일은 다른 이들과의 거래와 계약에서 온전히 의무와 권리를 다하는 것과 비례한다. 나 스스로와의 약속을 잘 지켜내는 것도 중요하겠지만, 내게 맡겨진 무언가를 통해 주변에 믿음을 주는 일은 더욱 중요하다.

결국 A.R.T.의 능력Ability과 관계Relationship와 시간Time-management은 모두 하나님께서 우리에게 맡기신 것이다. 이 세 가지를 믿고 맡길 수 있는 청지기steward가 되라고 하나님은 우리에게 청하신다. 진정한 삶의 기술이란 맡은 능력을 쓸모 있게 사용하고, 맡은 관계를 끝까지 책임지고, 맡은 시간 속에서 기회를 찾을 수 있도록 신뢰를 쌓아 가는 실천의 삶이다.

CHAPTER 01 THE ART OF TRUE LIFE

"텔미!" 혹은 "소원을 말해 봐!"
– 모세, 사무엘, 이사야, 예수

●○● 그럼 과연 성경의 인물들 중에는 진정한 삶의 기술을 발휘한 이들이 누가 있을까? 어떤 이들이 기꺼이 자신의 능력을 내어 놓고, 책임감을 가지고 관계를 맺어 가고, 자기중심적인 시각을 넘어서서 신뢰할 만한 삶을 꾸렸을까? 나는 이 질문 앞에 하나님을 직접 만난 구약의 기둥 같은 인물인 모세와 사무엘과 이사야를 초청해 보고자 한다.

풍경 1) 애굽의 왕자 신분을 버리고 도망쳐 나와 미디안에서 양치기를 한 지 40년이 되던 해, 미디안 광야 서쪽 호렙산 기슭에서 불붙은 가시(떨기나무) 덤불을 발견한 모세는 평소처럼 불에 타도 없어지지 않는 덤불을 신기하게 여겨 다가온다. 불길 속에서 하나님께서 모세를 부르시자 (기겁한) 모세의 반응은 "내가 여기 있나이다"

풍경 2) 어머니 한나의 간절한 기도로 태어난 사무엘은 어머니의 서원에 따라 엘리 제사장의 집에서 자라난다. 당시는 말씀과 이상이 귀한 시절이었기에 사무엘은 하나님께서 직접 자신을 부르시는 소리에도 엘리 제사장이 자신을 부른다고 착각한다. 세 번씩이나 "내가 여기 있나이다"하며 스승에게 달려 나가지만, 결국은 엘리 제사장의 조언에 따라 하나님께 이렇게 응답한다. "주여, 말씀하옵소서. 주의 종이 듣겠나이다."

풍경 3) 이스라엘의 멸망을 앞두고 선지자로 부름 받은 이사야는 보좌에 앉으신 하나님의 이상을 목격한다. 여섯 날개를 가진 천사가 "거룩하다 거룩하다 거룩하다"하며 하나님의 영광이 온 땅에 충만한 상황 속에서 자신의 부정함으로 괴로워하던 이사야는 천사로부터 숯불로 입술을 정결케 하는 예식을 치른다. 그 후 들려왔던 "내가 누구를 보내며 누가 우리를 위하여 갈꼬"라는 하나님의 탄식 앞에 이사야는 대답한다. "내가 여기 있나이다. 나를 보내소서."

이 풍경들은 모두 하나님의 부르심을 받는 극적인 순간이다. 우리는 이 풍경에서 공통적으로 등장하는 지도자들의 고백을 발견할 수 있다. 그 대표적인 것이 바로 "내가 여기 있나이다"라는 반응인데, 영어로는 "Here I am"이다. 앞선 글에서 중요하게 꼽았던 단어를 빌려 달리 표현한다면 "I'm available(절 사용하실 수 있습니다)"인 셈이다. 역사와 인간의 주인이신 하나님의 부름 앞에 우선적으로 우리가 고백해야 할 내용이다. "내가 여기 있습니다. 원하신다면 절 사용하실 수 있습니다"라는 태도가 바로 그것이다.

나아가 사무엘의 반응에서 이 고백은 한 차원 더 깊어진다. 사무엘은 주님의 임재 앞에서 주님의 '말씀'을 기다린다. 말씀하시면 듣겠다고, 나는 주의 종이라고 고백한다. 여기서 듣겠다는 것은 단순히 귀로 듣는 것이 아니라 '청종'聽從 한다는 뜻이다. 듣고 따르겠다는 것이다. 하나님의 뜻에 반응하겠다는 것이다. 우리는 여기서 "Tell me. I would respond to it(말씀해 주십시오. 제가 그 말씀에 반응하여 따르겠습니다)"라고 답하는 사무엘의 모습을 본다.

작년에 어느 교회 고등부에 초청되어 A.R.T.에 대해 강의를 하다가 이 대목에서 학생들에게 퀴즈를 냈다. 이 사무엘의 고백과 흡사한 노래가 있는데 무엇이냐고……. 나는 내심 모범답안으로 김영범 씨의 '주님 말씀하시면 내가 나아가리다'를 기대하고 있었다. 웬걸, 그들의 대답은 원더걸스의 '텔미', 그리고 소녀시대의 '소원을 말해봐'였다. 답을 말한 모두에게 정답 상품을 주고 한바탕 웃으면서 지나간 퀴즈 시간이었지만, 어쩌면 하나님의 마음은 진짜 그럴지도 모른다는 생각이 들었다. 너를 사랑한다고, 널 기다려 왔다고, 네가 필요하다고, 이건 꿈이 아니라고. 어쨌든, 당시 사무엘은 하나님의 소원을 들을 준비가 된 책임감 있는 소년이었다는 데는 이견이 없다.

이사야의 고백에 비하면 모세는 그때까지도 자신 없어 하는 약한 모습의 소유자였다. 이집트에서 당신의 백성을 이끌어 내리라는 하나님의 확실한 약속에도 불구하고, 이집트 사람들이 자기 말을 안 믿으면 어떻게 하냐고 한 발 뺀다. 지팡이가 자기 손안에서 뱀으로 변하고, 그 손에 문둥병이 생겼다가 치유되는 것을 목격하고도, 자기는 언변이 변변치 못하다고 "주여, 보낼 만한 자를 보내소서"라고 못난 고백을 하다가 하나님께 혼쭐이 나기도 한다.

한편 "나를 보내소서"라고 고백한 이사야에게는 어떤 비밀이 있었을까? 하나님께서 모세와는 다른 특별한 증거를 보여 주신 것일까? 게다가 이사야와 모세에게 확연히 달랐던 것이 있었다. 모세가 이스라엘의 해방과 구원을 위해 이방의 왕 앞에 가는 것이었다면, 이사야는 이스라엘의 멸망과 포로 생활을 예언하러 자기 민족 앞에 나가는 입장이었다. 모세의 발걸음도 무거웠겠지만, 이사야의 발걸음은 천근만근이 아니었을까? 적어도 이스라엘의 해방은 모세가 원하던 바였지만, 이스라엘의 멸망을 이사야가 고대했을 리가 없다.

굳이 말하자면 이사야는 하나님의 마음을 읽었던 것이다. 자기 백성을 이방의 포로로 끌려가게 하시는 아버지의 아픔을 알고 있었다. 먼 훗날 끝내 회복시키시리라는 소망도 물론 품었겠지만. 이 역시 하나님에 대한 현재진행형의 믿음이 필요했으리라. 거기에 비해 모세는 아무래도 자기 나름의 판단을 했던 듯싶다. 자신의 과거 신분, 자신의 언변 등은 당장 믿을 만한 것이 못된다고 지레 판단했다. 표면적으로 들리는 하나님의 말씀에 머무르기만 하는 이들은 현실의 모순과 고난 앞에서 액면 그대로 말씀에 반응하기 쉽지 않다. 그 너머에 있는 하나님의 신비한 디자인을 이해해야 가능하다. 대부분은 선뜻 이해되지 않겠지만, 바로 그때에 하나님의 뜻을 따르고 그 안에 머물러야 한다. 하나님도 당신의 속맘을 알아줄 수 있는 이들에게 당신의 계획을 믿고 맡기신다. '내 마음에 합한 자'라는 표현은 쉽게 얻을 수 없다. 그런 의미에서 이사야는 하나님과 믿음을 주고받는trustable 사이였다.

사실 십자가를 지신 예수님은 이 세 가지를 단번에 성취하신 분이셨다. 십자가를 지시기 전날 밤 기도하시던 그분의 결정적인 고백을 기억해 보자. "아버지여, 만일 아버지의 뜻이거든 이 잔을 내게서 옮기시옵소서. 그러나 내 원대로 마시옵고 아버지의 원대로 되기를 원하나이다." 예수님은 자신의 삶을 하나님의 계획 앞에 드렸고, 그 계획의 무게를 알고 계셨고, 그 무게를 끝내 감당하셨다.

A.R.T.의 삶을 사는 사람들은 이내 이 진정한 삶의 기술이야말로 나와 동행하시는 하나님의 방식임을 깨닫게 된다. 그분은 나의 기도에 언제나 귀 기울이시는Available 카운슬러고, 나의 일상을 책임지시는Responsible 아버지고, 오락가락하는 사람들의 마음과는 달리 한결같이 믿을 만한Trustable 주님이다. 한마디로 우리 일생을 믿고 맡길 만한 분이다. 굳이 이 말을 이곳에 덧붙이는 이유는, 우리가 A.R.T.의 삶을 사는 것은 단순히 삶의 기술을 구사하는 것이 아니라 그분을

닮아 가는 과정이라는 것을 강조하고 싶었기 때문이다.

이제 시간에 대한 본격적인 논의로 들어가 보고자 한다. 부디 논의 내내 이 세 가지 삶의 기술, 즉 A.R.T.Availability, Responsibility, Trust를 염두에 두고 읽기를 당부한다.

사건시간으로 사고하기

THINKING WITH EVENT TIME

Chapter 2

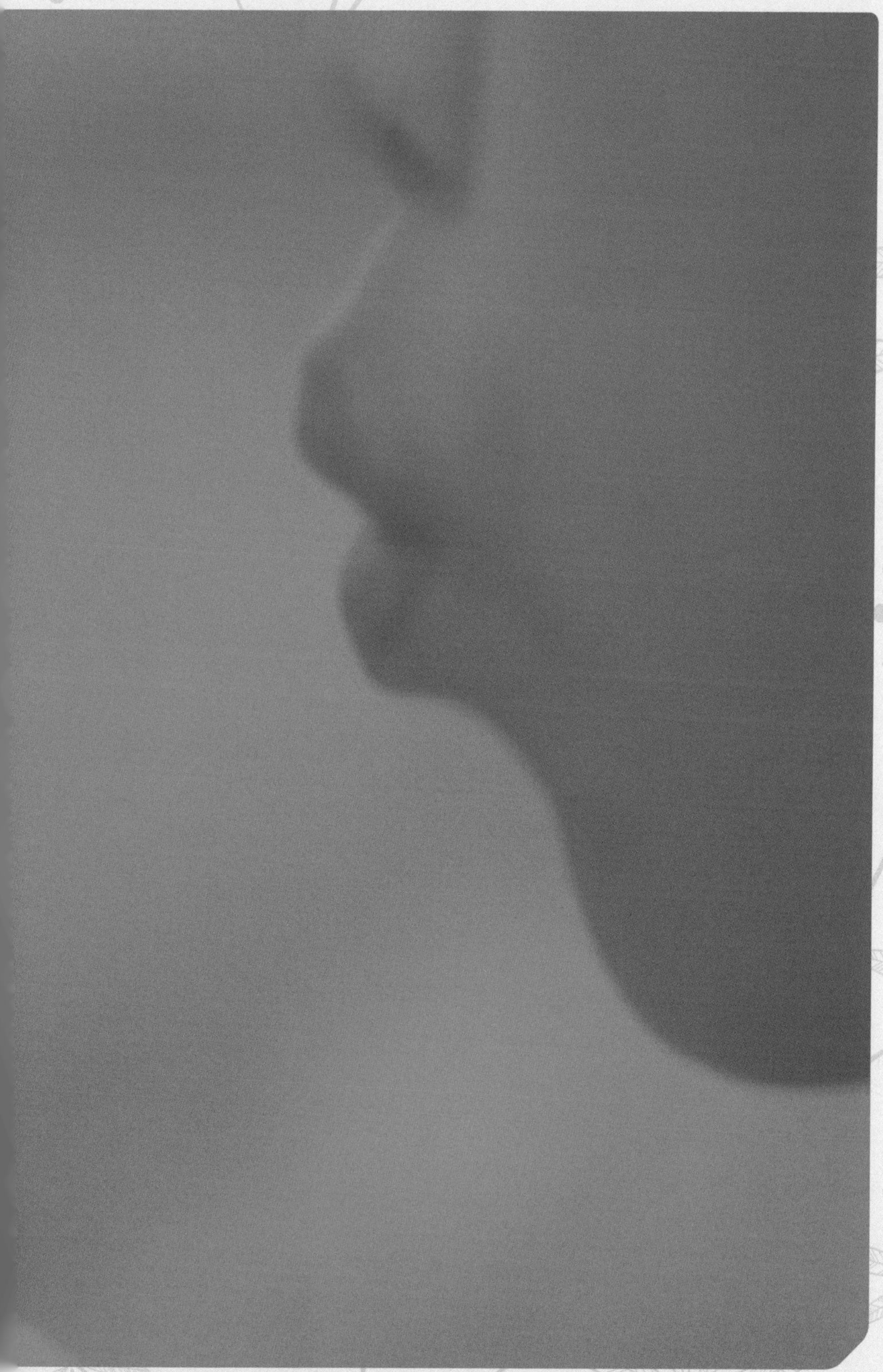

크로노스와 카이로스

●○● 내가 제일 처음 시간관리에 대해 공개적인 세미나를 한 곳은 2007년 여름 미국유학생수련회KOSTA USA, KOrean STudent All nations USA에서였다. 이 수련회는 한국인 유학생들의 영적 필요를 따라 그들에게 복음을 전하고 한국 사회의 변혁을 위해 섬길 사람들을 양육하며 나아가 학문과 신앙의 통합을 주도할 미래의 지도자들을 세우는 것을 목표로 1986년에 미국에서 시작되었다. 지금은 유럽, 일본, 러시아, 중국, 캐나다, 호주, 남미 등 전 세계에서 개최되고 있다.

주최 측이 내게 애초에 부탁한 강의는 기독교 문화에 대한 개론 강의였다. 내 평소의 지론이 '세상의 주된 흐름을 거스르는 반문화

counter culture가 바로 기독교 문화의 핵심'이었기에 이 반문화에 대한 대표적인 주제들 중 하나인 '효율과 성취주의 중심의 시간관리 문화'를 뒤집는 세미나를 준비하기로 마음먹었다. 주최 측에는 성경적인 시간관리를 주제로 강의를 마련하는 것이 어떻겠냐고 역제안을 했고, 감사하게도 세미나 기획팀에서 이를 흔쾌히 받아 주었다. 한 달 후쯤, 강의안을 보내 달라는 주최 측의 요청에, 그동안의 생각을 요약한 강의안을 마련해서 보내게 되었다. 최종적으로 강의 제목을 어떻게 정할까 고민하다가 마침내 '사건시간 경영법'ETM, Event Time Management이라는 이름을 붙였다. 이번 장에서 소개하려는 이 '사건시간'이라는 개념은 이미 오래전부터 있던 개념이었지만, 이 사건시간을 '관리'의 대상으로 삼는다는 관점은 완전히 새로운 것이었다. 그래서 나는 내 세미나에 들어온 학생들에게 이렇게 농을 던졌다.

"여러분은 '사건시간 경영법'이라는 전혀 새로운 기법에 대해 배우는 얼리어답터early adopter이십니다. 뭐 근사하게 말하자면 그렇다는 거구요, 어쩌면 마루타가 될지도 모르는 일이지요."

이 글에서 주장하는 바대로 사건시간으로 인생을 경영하려면, 우선 사건시간으로 사고하는 것이 어떤 것인지 알아야 하고, 그보다도 사건시간 자체가 어떤 것인지 먼저 알아야 한다. 사건시간을 개념적으로 이해하기 위해서는 그와 대별되는 시간 개념인 시계시간과의 비교가 우선 필요하겠다.

시계시간이란 물리적 양으로서의 시간에 대한 서구의 근대적 인식이다. 시간의 본질에 관해 서구에서 가장 광범위하게 공유되고 있는 생각은 "시간은 흘러간다"는 속성이고, 또한 1분, 2시간, 3일 등과 같이 시간을 일정하게 쪼갤 수 있다는 것이다. "주일 오후 3시부터 4시 30분까지 1시간 30분 동안 찬양 예배를 드립니다"라고 할 때 거론되는 시각時刻은 시계시간을 소통하는 공통의 언어인 셈이다.

혹자는 서구의 시계시간 중심 사고는 단위시간 당 생산량을 측정하기 위한 산업사회의 산물이라고도 해석한다. 찰리 채플린이 열연한 무성영화 〈모던 타임즈 *Modern Times*〉는 인간의 노동이 생산수단으로 전락해서 시계시간의 지배하에 들어갈 때 벌어지는 반인간적 모습에 대해 잘 묘사하고 있다. 어쨌든 시계의 역사와 시계시간이 이런저런 표준화 과정을 통해 정착해 온 역사에 따르면, 현재 우리가 당연시하는 시계시간이 널리 쓰이기 시작한 것은 불과 1세기도 채 되지 않았다.

잘 알려진 바와 같이 시계시간을 지칭하는 헬라어 표현은 크로노스*Χρόνος*다. 크로노스는 그리스신화와 소크라테스 이전의 그리스철학에서 시간을 의미하는 단어로 그 이름 자체가 '시간'이란 뜻이다. 그리스 태초신 중의 하나로 그리스신화에서 제우스의 아버지인 크로노스*Κρόνος*와는 다른 신의 이름이다. 영어의 '크라니컬'chronicle(연대기), '크러날러지'chronology(연대학) 등 시간과 관계있는 단어들의 어원이 바로 이 크로노스에서 나왔다.

반면 사건시간은 시계라는 도구를 상정하지 않은 시대의 자연적인 시간이다. 이 사건시간을 주목한 이는 미국의 심리학자 로버트 레빈Robert Levin이다. 1997년에 발간된《시간은 어떻게 인간을 지배하는가 *A Geography of Time*》라는 책에서, 그는 활동의 시작과 끝을 계획하기 위해 시계에 나타나는 시간을 사용하는가 아니면 활동 자체의 자발적인 흐름에 따라 활동들이 일어나도록 내버려 두는가를 비교한다. 그리고 이 두 가지 방식은 각각 시계시간에 의한 삶과 사건시간에 의한 삶으로 구별할 수 있다고 설명한다. 사건시간이 삶을 지배할 때는 일정은 '시계'가 아닌 '활동'에 의해 결정된다. 활동에 참여한 이들이 적절한 때라고 느끼면, 서로의 합의에 의해 그 사건은 마무리된다.

그의 설명에 따르면 사건시간 패러다임에서는 약속 시간도 대개 자연의 순환에 따라 정해진다. 농촌에서 자라나 시계시간에 매이지 않고 살아가는 이들이라면, 다음 날 아침 소들이 풀을 뜯으러 나갈 때 만나기로 약속시간을 정할 수 있다. 하루의 중간쯤에 만나고 싶다면, 냇가로 소들을 물 먹이러 가는 시간을 약속 시간으로 정한 뒤 해가 중천에 떠있을 때 시냇가에서 만나면 된다.

사건시간을 일컫는 그리스 어 표현은 카이로스*Καιρός*다. 무언가 무르익어 가장 적합한 사건이 일어나는 때를 말한다. 크로노스가 양적 시간이라면 카이로스는 질적 시간으로 대비되기도 한다. 신약성경에서는 '하나님이 정하신 때'라는 의미로 카이로스를 설명한다. 그리스신화에 나오는 카이로스는 인간의 운명을 좌우할 수 있는 절

호의 기회의 신으로 그려진다. 그의 앞 머리카락은 많지만 뒷머리는 대머리로 그려진다. 기회는 한번 놓치면 다시 잡기 힘들다는 뜻을 희화적으로 표현한 것이다.

사건시간에 따른 자연적인 일정과 시계시간에 따른 계획적인 일정은 좋은 대조를 이룬다. 시계는 언제 일하고 언제 노는지를 지시하고, 사람들과의 만남도 언제 시작해서 언제 끝나야 할지 정해 준다. 심지어는 생리적 현상들도 시계에 의해 일정이 정해진다. 잠자리에 들기에는 너무 이르다는 판단도 신체로부터 오는 신호가 아니라 시계에 나타난 시간에 좌우된다. 신생아는 자연의 리듬에 맞추어 배가 고플 때와 졸릴 때를 부모들에게 알려 주지만, 부모들은 아기의 일과를 자신들에게 편하도록 맞추거나, 책에서 본 모종의 기준에 따라 아기가 좀 더 '건강한' 리듬으로 젖을 빨고 잠들도록 습관을 들인다. 결국 아기는 배고픈 시간과 졸린 시간을 '익히게' 된다.

한편 2006년 《시간의 심리학 *Beyond 9 to 5: Your Life in Time*》을 발간한 사라 노게이트Sara Norgate는 사람들이 '서두르는 시대'를 못마땅하게 여기면서도 시간에 쫓기면서 살아갈 수밖에 없는 환경적 요인들을 살피는데, 여기서도 '시계시간 문화'와 '사건시간 문화'로 설명하는 문화별 차이가 가장 두드러진다. 사건 자체의 진행에 맞춰 일이 이루어지는 것을 중요시하는 '사건시간 문화'와 달리, '시계시간 문화'에서는 시간을 일종의 부족한 자원으로 간주해서 중간에 허비하는 시간 없이 알뜰하게 관리하는 것을 높이 산다. 북미, 북유럽과 서유

럽, 우리가 속한 동아시아 지역에서 나타나는 이 같은 시간 절약 미덕은 곧 시간에 대한 압박감으로 이어져 삶의 속도를 가속화한다는 것이다.

지금까지의 이야기를 얼핏 들어 보면 그저 시간에 대한 철학적이고 문화적인 비교로만 들릴지 모르겠다. 하지만 뚜렷하게 인식되지 못할 뿐 사건시간 문화는 우리 주변에서도 어렵잖게 찾아볼 수 있고 우리에게 무시할 수 없는 영향력을 행사하고 있다. 지금도 우리 곁에 그 나름대로 기능하고 있는 사건시간에 대해, 그리고 그렇게 생각하고 살아갈 수 있는 삶의 태도에 대해, 이어지는 이야기 속에서 차근차근 새겨 보기로 하자. 카이로스에 의하면 이 책의 내용도 이제 막 무르익기 시작한 듯하다.

CHAPTER 02 THINKING WITH EVENT TIME

유년기의 사건시간

– 둥근 해가 떴습니다

●○● 만학도로서는 쉽지 않은 유학이라는 결심을 통해 경영학을 본격적으로 공부하기 전까지 나는 두 가지 색다른 타이틀이 있었다. 하나는 프로듀서, 또 하나는 노래 운동가라는 타이틀이다. 노래 운동가는 대학 캠퍼스를 떠난 후 5년간 공연과 집회 기획, 작곡, 악보집 출판, 에세이 기고 등을 통해 얻게 된 정체성이었고, 프로듀서는 그 후 기독교 텔레비전에서 5년간 PD로 근무하면서 얻은 호칭이다. 물론 둘 다 내 전공인 전자공학(더 정확하게는 제어계측공학인데 내 석사학위 논문의 주제는 패트리엇 미사일 같은 무인비행체와 관련된 시스템 분석이었다)과는 거리가 먼 분야다.

그리 길지도 않으면서 여러 가지 직업을 가지게 된 인생 이력에 대해서는 다른 기회에 소개하면 좋을 듯하고, 이번 장에서는 노래 운동가로서 우리에게 익숙한 한 곡의 노래에서 사건시간의 의미들을 찾아내 이야기를 나누고자 한다.

노래에는 독특한 기능들이 많지만, 그중 흥미로운 것 하나는 기억하고자 하는 내용을 가락에 실어 반복하는 것이다. 우리가 잘 아는 '반짝반짝 작은 별' 노래 가락에 붙인 'ABC 송'이나, 영화 〈사운드 오브 뮤직 Sound of Music〉에 등장하는 '도레미 송'이나, 조선 역대 왕조를 새마을운동 주제가에 붙인 '태정태세문단세 송'이 대표적이다. 돌아보니 성경 66권의 순서를 외우도록 하는 '창출레 송'도 그중 하나다. 요즘엔 이따금 이런 역할을 랩이 대신하고 있으니 고전적인 노래의 역할이 확장되고 있는 셈이다.

그런데 사건시간에 대해 글과 강의를 마련하면서 발견한 사실은, 우리의 유년기를 지배했던 이런 몇몇 대표적인 노래 중에 '사건시간'의 성격을 두루 정확하게 묘사하는 노래가 있다는 것이었다. 그건 다름 아닌 '둥근 해가 떴습니다'라는 일명 '등교 송'인데 여기 그 노래의 전문을 옮겨 본다.

둥근 해가 떴습니다 자리에서 일어나서
제일 먼저 이를 닦자 윗니 아랫니 닦자
세수할 때는 깨끗이 이쪽 저쪽 목 닦고

머리 빗고 옷을 입고 거울을 봅니다
꼭꼭 씹어 밥을 먹고 가방 메고 인사하고
학교(유치원)에 갑니다 씩씩하게 갑니다

이 노래에는 유치원생 내지 초등학교 1학년 학생의 아침 일상이 잘 묘사되어 있다. 교육적인 내용으로 구성되어서 아침 일상에서 빼먹지 말고 챙겨야 할 것들의 실제적인 점검 목록으로 이해할 수도 있겠지만, 이 노래 가사에서 내 눈에 커다랗게 들어온 것들은 사건 시간의 몇 가지 중요한 특성들이었다.

먼저는 사건의 자연스러움이다. 모닝콜 시간을 맞추어 놓고 7시 반에 알람이 울리면 일어나는 것이 아니라 둥근 해가 뜨면 자리에서 일어난다는 인류 역사에 있어서 만고불변의 기상 문화를 보여 준다. 아침밥을 챙겨 먹고 집을 나서는 건강한 하루 일과의 시작도 그렇다. 하지만 요사이 현대인의 일상은 이렇듯 자연스럽지는 않다. 신도시에서 도심에 있는 직장을 향해, 또는 수도권에서 지방에 있는 캠퍼스를 향해 새벽 첫차를 잡아타고 출근하거나 등교해야 하는 이들이 수두룩하다. 이들에게 있어 아침 식사는 지하철 역 입구의 김밥이거나 가판대의 토스트, 좀 우아하게는 패스트푸드점에서 친절히(?) 마련해 주는 5분짜리 아침 세트 메뉴일 것이다.

그리고 주목하게 되는 것은 사건의 흐름이다. 노래 속의 아침 일과는 일정한 순서와 질서를 가지고 있다. 혹자는 아침 식사 후에 이를 닦는 것이 치아 건강에 더욱 유익하다고 꼬집을지 모르겠지만, 그런 꼼꼼함은 살짝 접어 놓고 일단 혼자서 이 아침 일과를 순서대로 챙기고 있는 어린아이의 기특함을 눈여겨보면 좋을 듯하다. 일어나서 이를 닦고 세수하고 머리 빗고 옷을 입고 거울 보고 밥을 먹고 인사하고 학교 가는 이 흐름은 평생 반복하게 되는 우리의 아침 습관에 대한 묘사만은 아니다. 우리 삶을 정돈하고 안정시키는 어떤 '기초'에 대한 서술이다. 학업과 업무가 기다리는 세상으로 나서기 전에 나를 위해 챙겨야 할 기본을 의미한다. 그것이 엉키는 순간 이따금 원망과 시비, 짜증과 투덜거림이 아침 시간을 수놓을지도 모른다. 8시에는 집을 나서야 한다는 압박은 아침 밥맛을 떨어뜨릴 수도 있고, 집에 두고 나온 핸드폰을 가지러 가는 발걸음은 하루를 여는 기분을 잡치게 한다는 것을 우리는 경험을 통해 알고 있다.

또 하나는 사건을 접하는 태도다. 세수할 때는 '깨끗이', 밥을 먹을 때는 '꼭꼭', 학교 갈 때는 '씩씩하게', 각 사건들을 성실하게 접하는 어린이의 태도를 엿볼 수 있다. 나아가 상상의 나래를 펼치자면, 일어날 때는 '벌떡', 이를 닦을 때는 '꼼꼼히', 인사할 때는 '공손히' 행하는 기특한 한 어린아이를 그리게 된다. 이러한 태도는 그 사건의 의미를 이해하는 이들에게 허락된다. 성의를 다해 진정성을 가지고 우리 일상의 사건과 활동의 의미를 새기는 일은 무엇보다 중요하다. 의미 없는 습관으로서의 몸에 밴 친절은 마치 "사랑합니다. 고객님"을 반복하는 어느 고객 콜센터 직원의 목소리를 연상케 할 뿐이다. 그 사건을 접하는 이의 태도에 따라 같은 사건이라도 단순한 양적인 시간이 아닌 질적인 시간으로 그 의미를 지니게 된다.

마지막으로는 사건의 관계성이다. 이 부분은 4장에서 더 자세히 설명할 것이다. 비록 이 노래에서는 그리 비중 있게 표현되지 않지만, 거울을 본다는 것과 인사한다는 노랫말이 우리에게 관계에 대한 힌트를 던져 준다. 인생에 있어서 사건은 어떤 관계 가운데 존재한다. 심지어 거울을 보는 일 하나도 자신의 용모를 통해 스스로를 돌아보는 활동이다. 내면을 성찰하는 일도 그 연장선상에서 설명이 가능하다. 엄마에게 학교 다녀오겠다는 인사를 건네고 집을 나서는 초등학생의 뒷모습은 두 가지 관계를 연상시킨다. 나를 한없이 사랑해주는 보호자와의 관계, 그리고 그 관계를 떠나 자신에게 다가올 모종의 과제와 씨름해야 하는 세상과의 관계를 보게 한다.

어렴풋한 기억이다. 초등학교 저학년이었던 내가 그때까지 사용하던 '엄마'라는 호칭을 버리고 '어머니'라는 호칭을 사용하기로 결심한 적이 있었는데, 그 동기는 바로 〈어머니〉라는 연속극 제목 때문이었다. 어린 나이에 그 결심을 기특하게 여기신 어머니는 그 이야기를 아직도 손자 손녀에게 아들 자랑 삼아 말씀하신다. 반대로 내가 어머니를 두고두고 자랑스럽고도 감사하게 생각하는 일이 있다면 그것은 등굣길을 나서는 막내아들에게 "주 안에서"라는 인사말로 매일매일 배웅을 해주셨던 일이다. 어린 나이에 멋모르고 나도 어머니께 늘 "주 안에서"라고 답했고, 우리 모자간의 각별했던 이 인사법은 중학생 시절을 지나 내가 고등학교를 졸업할 때까지 계속되었다.

즐겁든 짜증나든 아침 일상의 마지막을 장식했던 이 인사말은, 하루 일과를 시작하는 아들에게 하나님의 존재를 염두에 두고 일상을 지내게끔 하는 일종의 주문呪文이자 축복祝福이었다. 그리고 지금 우리 부부는 우리 아이들에게 이 인사말을 또 전염시키고 있다.

이 글에서는 일상의 사건에 있어서의 자연스러움, 흐름, 태도, 관계라는 면이 특별한 의미를 지닐 수 있음을 유년기의 노래와 기억을 통해 살펴보았다. 그러나 사건시간은 개인적인 경험에 머무르는 것이 아니고, 전 세계에 공통적으로 존재하는 보편적인 경험임을 이어지는 이야기 속에서 나누고자 한다.

CHAPTER 02 THINKING WITH EVENT TIME

문화인류학적 사건시간
– 옥수수는 잘도 큰다

●○● 지난 가을, 홍명보 감독이 이끄는 20세 이하 청소년 대표팀이 파란을 일으키며 2009 청소년 월드컵 8강에 올랐다. 나는 아쉽게도 미국과 파라과이를 연속해서 대파한 신나는 경기는 보지 못하고, 가나에게 분패한 8강전을 보느라 토끼눈으로 새벽잠을 설쳤다. 우리 세대에겐 이와 유사한 기억이 있는데, 그것은 1983년 멕시코에서 열렸던 청소년 월드컵이다. 당시 사령탑은 박종환 감독이었고, 파죽지세로 4강까지 진출해 브라질과 맞붙어서 전반 선취점을 올리고도 아깝게 역전패했던 경기를 기억한다. 한국 축구팀에게 '붉은 악마'라는 별명이 붙은 시점도 그때라고 한다.

그런데 내게 있어서 이 사건은 고등학교 1학년 어느 날 선생님들과 1교시 수업을 중단하고 학내 방송으로 다 같이 열광하며 라디오 위성중계를 청취했던 기억으로 남아 있다. 내게는 그 기억이 다른 상황들을 기억해 내는 단초다. 수업을 빼먹으면 큰일 나는 줄 알았던 범생이로서 수업 중 응원은 엄청 큰 일탈로 기억되고 있고, 사실 1983년이라는 시점이나 멕시코시티라는 개최 도시는 내게 있어 그다지 중요한 기억으로 남아 있지는 않다.

문화인류학자 윤택림 씨는《인류학자의 과거 여행》이라는 책에서, 우리 사회의 비주류로서 개개인이 역사를 어떻게 인식하고 있는가를 여러 인터뷰를 통해서 새롭게 조명해 주고 있다. 특별히 여성, 그 중에서도 할머니들의 이야기는 우리의 경험과 기억이 주류 사회의 역사 인식과 다소 차이가 있다는 것을 알게 해주었다. 이를테면 이런 대화다.

"할머니, 그러니까 그게(광복) 언제인가요? 1945년인가요?"

"글쎄, 그게 내가 시집오던 해니까……. 아마 그럴 거야."

이는 우리 할머니들이 대표적인 역사보다는 자신의 생애에서의 중요한 변화와 연관 지어 시간을 인식하고 있다는 것을 단적으로 보여 준다.

이렇듯 시간에 대해서는 여러 가지 인식의 방식이 존재한다. 아메리칸 인디언 중의 애리조나 주 북동부에 사는 호피Hopi 족에게 시간이란, 알아서 흘러가는 연속된 물리량이 아니고 제각기 다른 일들이 벌어지는 단위 사건의 연속이다. 이들에게 시간은 고정된 단위나 측정 가능한 양적 단위가 아니고 옥수수가 여물고 양羊이 자라면서 일어나는 일, 즉 특징적으로 연속되는 일의 단위이며 생명체가 그 생명의 드라마를 연출할 때 벌어지는 자연스러운 과정이라는 것이다.

인류학자 에드워드 홀Edward T. Hall은 젊은 나이에 이 호피 족이 사는 인디언 보호 구역에 들어가 5년을 살며 연구했는데, 인디언들은 백인을 모두 귀신 들린 비정상적인 사람들로 취급했다고 한다. 그 이유는 백인들의 시간 개념이 그들과 완전히 달라서였다.

> "우리가 언제 도착하더라도 그 장소는 늘 그 자리에 있다. 그런데 백인들은 어디를 가려면 늘 서두른다. 백인들 몸속에 들어앉은 악령惡靈이 그들을 무자비하게 내몰기 때문이다. 악령의 이름은 '시간'이다."

호피 족이 사용하는 언어에서도 시간과 공간을 표현하는 방법이 흥미롭다. 예를 들어 호피 어의 동사형에서는 말하는 사람에게서 멀리 떨어진 곳에서 일어난 사건은 먼 과거에서 일어난 사건으로 표현된다고 한다. 공간의 거리가 짧아질수록 시간의 거리도 줄어든다. 그리고 호피 어의 동사는 다른 언어가 지닌 일반적인 시제를 갖고 있지 않다. 그 대신 '어떤 사건이 지속된 시간의 길이'와 '어떤 활동이

완료되었는가, 진행 중인가 혹은 앞으로 이루어질 것인가 여부' 및 '둘 이상의 동사가 나타나는 차례'로 실질적인 시제를 구별한다고 한다. 1930년대의 언어학자인 벤저민 리 워프Benjamin Lee Whorf는 호피 어 동사의 이런 특징을 포착하여 "언어는 우리의 현실 경험을 긴밀하게 지배한다"는 '워프의 가설'을 설명했다. 호피 어는 호피 족이 그들의 세계에 대해 말하는 방법을 결정한 것이며, 이 견해에 따르면 각각의 언어와 민족에게도 마찬가지 가설이 적용될 수 있다는 것이다.

흥미로운 또 다른 예는 필리핀의 일롱고Ilongot 족의 경우다. 이들은 시간을 주로 장소, 즉 공간으로 번역하여 기억하는데 모든 일을 '언제 일어난 일'이 아니라 '어디에 있을 때 일어난 일'로 기억한다고 한다. 시간을 측정할 달력이나 시계 같은 도구가 없는 환경에서 살고 있는 이들은 산업사회에서 살고 있는 우리와 시간관념이 확연히 다르다는 것을 보여 주는 사례다.

이들의 생활을 연구한 인류학자 레나토 로살도Renato Rosaldo가 일롱고 족에게 일본군 패잔병과의 전투와 관련된 질문을 했을 때 그들은 다음과 같이 대답했는데, 여기서 그들의 시간 인식을 알 수 있다. "아, 그게 그러니까 우리가 푸와 계곡을 지날 때였던가……."

이런 시간 인식의 차이는 비단 과거의 원시사회나 근대의 몇몇 전통적 부족에 국한되어 남아 있는 현상은 아니다. 1985년에 일어난

국제 인질극이 그 극단적인 예가 될 수 있다. 미국인 한 명이 희생되고 39명의 인질이 17일 간이나 억류되었던 이 사건은 레바논 시아파 과격 단체에 의해 발생했다. 아테네에서 출발하여 베이루트로 향하던 승객 153명이 탑승한 미국 TWA 항공기가 그 대상이었다.

40명의 미국인들을 인질로 잡은 시아파 단체는 이스라엘에 수감돼 있는 764명의 시아파 레바논 인들을 석방할 것을 요구하면서, 미국인 인질들을 시아파 이슬람 지도자들에게 넘겼다. 그리고 지도자들은 이스라엘이 그들의 요구를 들어주면 인질들은 안전할 것이라고 약속했다.

대표자 간의 협상 중 시아파 민병대의 실력자로서 전투 명령권을 쥐고 있던 가산 사브리니는, 시아파 복역수들을 석방하라는 자신들의 요구에 이스라엘이 아무런 조치를 취하지 않으면 '이틀 후' 인질들을 납치범들에게 돌려보낼 것이라고 선언했다. 사태는 매우 긴박하게 돌아갔고, 미국 측 협상단은 미국과 이스라엘 사이에 명분이 서는 타협안을 마련해 내야만 이들의 요구를 들어줄 수 있다고 판단했다.

그러나 이틀이라는 짧은 시한 안에 미국과 이스라엘 간의 타협안을 마련하는 것은 물리적으로 불가능한 상황이었다. 결국 일촉즉발의 위기 상황까지 몰렸다. 온 세계가 숨을 죽인 마지막 순간, 사브리니는 자신의 발언이 상대방에게 어떻게 받아들여졌는지를 비로소 알게 됐다. 그는 "꼭 48시간을 정한 것은 아니다. 이틀이라는 시간은 조속한 시일 내에 마련하라는 것을 의미한 것이다"라고 다시 설명하였다. 그의 말에 모든 이들은 안도의 한숨을 쉬었다. 이어진 협상과 교착 상태 끝에 결국 이스라엘 감옥에 있던 시아파 레바논 죄수 31명을 풀어 주고 사태는 마무리되었다.

이틀이라는 단어를 서로 달리 이해하는 바람에 수십 명이 목숨을 잃고 전쟁까지 일어날 뻔했던 것이다. 미국 협상 대표들에게는 그 단어가 엄격하게 48시간을 뜻하는 것이었지만, 이슬람 지도자에게는 단지 조속한 시일이라는 뜻을 비유적으로 표현한 것에 지나지 않았다. 사브리니는 사건시간을 제시했는데 미국 협상단은 시계시간으로 해석한 것이다.

우리에게는 개인적으로 무척 다급하고 중요한 일들도 있고, 나아가 온 세상을 떠들썩하게 하는 사건 사고들도 있다. 한편 주목받은 세상 역사의 수면 아래로 쉬지 않고 진행되는 소리 없는 이들의 일상들이 있다. 해방 직후의 어지럽고 시끄러웠던 사회에서도 아랑곳하지 않고 무럭무럭 자라나는 어린이의 사랑스럽고 평화스러운 모습을 그려낸 '기찻길 옆'이라는 노래는, 우리가 재촉하려 해도 더 빨라질 수 없고, 반대로 늦추려 해도 결코 멈춰 서지 않는 사건시간으로서 생명의 드라마를 그려 주는 듯하다. 오랜 역사 속에서 우리에게 휴식과 성장은 사라질 수 없는 사건이자 빼앗길 수 없는 삶의 본질이기 때문일까? 이 노래를 흥얼거리면서 과연 나의 표면적인 일상 뒤에서 조용히 진행되고 있는 인생의 중요한 사건들은 무엇일까 물어보게 된다.

기찻길 옆 오막살이 아기 아기 잘도 잔다

칙-- 폭-- 칙-칙-폭-폭- 칙칙폭폭 칙칙폭폭

기차 소리 요란해도 아기 아기 잘도 잔다

기찻길 옆 옥수수밭 옥수수는 잘도 큰다

칙-- 폭-- 칙-칙-폭-폭- 칙칙폭폭 칙칙폭폭

기차 소리 요란해도 옥수수는 잘도 큰다

일상 속의 사건시간
– 배꼽시계와 24절기

●○● 1980년대에 중고등학교를 다녔던 이들에게 공통적인 추억이 하나 있다면, 그것은 2교시가 끝나고 쉬는 시간에 도시락을 까먹고 나서 막상 점심시간은 운동장에서 다방구 놀이를 하거나 공을 차면서 보냈던 것이다. 뭐, 충분히 노는 시간을 확보한다는 동기도 있었던 데다가, 2교시가 마칠 시간 즈음이면 출출해지는 배를 달래야 하는 왕성한 성장기였기 때문이리라. 나는 사실 마른 체격에 적게 먹기로도 유별나서 결혼 이후 지금까지 아내에게 줄곧 공박을 들어 온 신세지만, 그때만 하더라도 꽤 격렬한 운동 후에 허기진 배를 채우려고 라면 두 개를 끓여서 밥까지 말아서 다 해

치우던 기억이 난다. 언젠가부터 본격적으로 급식 제도가 도입된 이후 도시락 문화는 자취를 감추었다. 일면 교육 복지가 진전된 결과인데, 그 덕분에 이젠 점심시간이 되기 전에 알아서 점심을 해결하는 일이 쉽지 않게 되었다.

우리의 일상에서 지속적으로 만나기에 이젠 별로 특별하게 여겨지지 않는 사건시간이 있다면 그것은 이른바 '배꼽시계'일 것이다. 이 시계는 개인마다 다소 다르고 처한 상황에 따라서도 가변적이다. 그 아무리 선비라도 배고프면 식당에서 더딘 주방을 재촉하게 되고, 그 아무리 게걸스러운 식신이라도 한 끼에 제대로 두 번 식사를 하는 것은 무리다. 물론 입으로 들어가는 시간을 알려 주는 배꼽시계보다 몸 밖으로 나오는 시간을 알려 주는 배꼽시계는 더욱 예측 불가능하고 자유롭다.

이뿐이 아니다. 나는 한 달에 한 번 정도 주말에 이발을 하는 것이 보통인데, 속설처럼 야한 생각이 많은 편도 아니면서 머리카락이 자라나는 속도가 꽤 빨라서 어느 달에는 3주 만에 미용실에 들르기도 하고, 어쩌다 때를 놓치면 주중 퇴근길에 미용실 원장님을 귀찮게 굴기도 한다. 이뿐인가? 화분에 물을 주는 일이나 어항에 물을 갈아 주는 일, 세탁기에 빨래를 돌리는 일이나 화장실 청소를 하는 일도 시계시간으로 정하기보다 사건시간으로 판단할 때가 많다. 그러고 보니 공중목욕탕에 때 밀러 가는 일도 어떤 이들에겐 주요 사건시간으로 정돈된다. 또한 가임기 여성들의 달걸이는 인류가 달력처럼 생각해 온 생리적인 사건시간이기도 하다. 알고 보면 먹는 것부터 시작해서 우리 삶의 참 기본적인 요소들이 물리적 시계시간에 속해 있지 않고, 그 사건 나름의 시간 기준을 가지고 있다.

언뜻 생각하면 시간이라는 주제와는 직접적인 관계가 없는 듯 보이지만, 우리 선조들의 사건시간 인식을 잘 설명하기 위해 이 책의 지면을 빌려 소개하고 싶은 한 분이 있다. 현재 경기도 양평 성실교회에서 한국적인 예배 문화를 위해 늘 연구하시고 그 연구 결과를 목회 현장에 실천하시는 이정훈 목사님이다. 이분은 이 분야에 있어서 나에겐 큰 선배이자 선생님이다. 1996년 내가 방송 프로듀서로 일하던 시절, 자원봉사로 섬겼던 '선교한국' 청년학생선교대회에 마지막 헌신의 밤 특별 순서 진행자로 초청했었고, 그때 한국 전통악기의 신앙적 멋을 잔잔히 이야기해 주셨다.

"만파식적萬波息笛이라고 하였던가요! 파도를 잠재웠다는 전설을 가진 악기 대금 소리를 들으면 성난 파도를 잔잔케 하신 예수님이 생각납니다. 연주할 때 학들이 날아들었다는 거문고 소리를 듣다 보면 기도할 때마다 새들이 날아들어 영혼을 격려했다는 성 프란치스코의 이야기가 생각납니다. 앙증맞은 해금 소리를 들으면 예수님께 모여들던 아이들의 신명과 소란함이, 흐느끼는 소리를 들으면 무덤 앞에서 울던 마리아의 모습이 상상됩니다. 사람의 목소리와 가장 닮은 피리 소리를 듣고 있으면 절절한 스데반의 설교와 그 스데반을 죽였던 사도 바울의 아레오바고 설교가 귀에 들려오는 듯합니다. 가야금 열두

줄의 다양한 울림은 초대교회에 생명을 불어넣은 열두 제자의 헌신을 느끼게 합니다."

이어 벌어진 강강술래에서는 구원의 기쁨을 누리는 남생이 마당, 죄와의 단절을 선언하는 고사리 꺾기 마당, 신앙의 역사적 사슬을 엮는 청어 엮기 마당, 자신을 부인하는 기와 밟기 마당, 천국의 입성을 기뻐하는 문지기놀이 마당, 공동체의 하나 됨을 체험하는 길놀이와 덕석몰기 마당 등등……. 우리 민족 고유의 놀이를 기독교적으로 훌륭하게 재해석하여 강강술래는 헌신의 밤 하이라이트 프로그램이 되었다. 다음 대회에서도 이 프로그램은 성황리에 재연되었고 모든 외국 선교사들과 초청 강사들이 즐거워하고 손수 참여하는 대동놀이로 승화되었다.

이 순서를 즐겁게 이끌면서 순서 초반에 전통음악에 대한 우리의 편견을 없애고자 들려 준 짧은 이야기가 있었다. 의외의 소재였는데, 바로 24절기에 대한 것이었다. 24절기는 우리가 습관적으로 생각하는 것처럼 조상들의 생활력이었던 음력 절기가 아니고 태양의 공전주기에 맞추어 정한 양력이라는 사실, 그리고 우리 조상들은 일상생활과 농사를 위해 태음태양력太陰太陽歷이라는 종합적인 월력 체계를 가지고 있었다는 설명이었다. "농부는 태양을 보고 들에 나가고, 어부는 달을 보고 바다에 나간다"는 속담도 이를 뒷받침해 준다. 결국 이는 우리 민족에게 있어 기독교 문화가 서양의 것으로만 채워질 것이 아니라 동양의 전통미와 서양의 세련미를 공히 갖추어야 함을 역설적으로 설명하기 위한 훌륭한 예였다.

알고 보면 24절기는 당시의 보편적인 기준이었던 음력의 월력 상에 표시하기에는 불규칙했지만, 계절의 변화에 맞춰 농사에 필요한 준비를 위해 제때 챙겨야 했던 절기들이었다. 그때는 7일 주기의 요일 개념은 없었지만 15일마다 찾아오는 24절기에 대한 인식이 있었고, 달이 차고 기우는 보름날이나 그믐날과는 조금씩 차이가 나는 이 절기를 신경 써야 했으리라. 크게는 계절의 변화에서부터 기온과 기후에 대해, 자연현상과 농사간의 관계를 나타내는 절기였기에, 이 책의 논점에 따르면 당시엔 시계시간보다는 사건시간으로 여겨졌을 것이다. 몇몇 절기에 대한 의미를 따져 보면 사건시간으로서 그 의미를 알게 된다.

대표적인 것은 아마 청명淸明일 것이다. 양력 4월 6일경, 음력 3월 중이며 태양의 황경이 15도이며, 봄이 되어 삼라만상이 맑고 밝으며 화창해 나무를 심기에 적당한 시기다. 대부분 한식일과 겹친다. 농사를 준비하기 위해 논밭 둑을 손질하기도 하고, 못자리판을 만들기도 한다. 하나 더 소개하자면 곡우穀雨로, 양력 4월 20일경, 음력 3월 중이며 태양의 황경이 30도이며, 봄비가 내려 여러 가지 작물에 싹이 트고 농사가 시작된다. 나무에 물이 가장 많이 오르는 시기이므로 사람들은 곡우 물을 먹으러 깊은 산이나 명산을 찾기도 한다. 수액樹液을 받기 위해 나무에 홈을 파고 통을 매달아 놓는 것을 볼 수 있다.

지금은 도리어 24절기가 양력 월력 상에서는 더 쉽게 계산되어 관찰되고, 음력의 절기들이 월력 상에서 따로 챙겨야 하는 날들로 입장이 역전되었다. 과거에는 다 한마을에 모여 살았겠지만 이제는 각지에 흩어져 사는 가족들이 다시 모이게 되는 설이나 추석 등도 사건시간으로 해석하는 것이 더 자연스럽다.

한국의 음악에도, 나아가 한국 교회의 예배 문화에도 외래의 것과 고유의 것이 어우러져 조화를 이루어야 하듯이, 우리 삶 속의 시간 인식에 있어서도 시계시간과 사건시간의 균형 잡힌 공존이 필요하다. 내가 독자들에게 여러 글을 통해 사건시간으로 사고하기를 집요하게 요청하는 이유는, 그간 우리의 삶이 시계시간 중심의 인식과 태도에 편향되어 있었다는 자각과 이에 대한 반성이 필요하다고 느끼기 때문이다. 또한 사건시간은 우리가 생각하는 것보다 일상 속에 더 속속들이 존재하고, 전통 속에 더욱 면면히 전해져 왔기 때문이다.

"아직은 비밀이란다"
– 예수님의 때

●○● 앞서 내가 한때 노래 운동을 했던 경력을 빌려 동요 몇 곡을 인용했지만, 한편으론 PD로서 일할 때 기획했던 프로그램이나 이벤트를 예로 들며 할 이야기도 꽤 있다. 내가 종종 정의하는 일반적인 PD(프로듀서)는, '피로두사'疲勞頭士(머리 쓰는 것이 일이어서 두루 피곤한 전문인)로서 보통은 분초를 다투며 시간에 쫓기는 직업적인 특성을 가지고 있다. 이런 종류의 80년대식 유머를 연장한다면, 목사나 간사는 기도하고 설교하느라 목청을 버리고, 주변의 힘들고 지친 삶들을 돌보느라 간을 졸이는 직업은 아닐까 농을 던진 적도 있었다. 캠퍼스 간사 생활을 거쳐서 지금은 현직 목사인

처남에게 한 얘기지만, 사실 나의 큰 누님 댁도 부부 두 분 다 목사다.

알고 보면 내가 PD로서 일할 수 있었던 문화적 자양분은, 지역 교회 중고등부 시절 '○○의 밤'으로 불리던 가을철 문화 행사를 또래들과 준비하면서 보았던 책, 들었던 음악, 다루었던 장비 등에서 비롯한 것이 많다. 개그나 만담식의 콩트도 있었고, 슬라이드쇼를 이용한 뉴스, 중창과 문예 작품 낭독, 그리고 때론 그림자극을 동반하는 라디오 방송극을 올리기도 하고, 어설펐지만 나름 제대로 의상을 갖춘 정통 성극을 올릴 때도 있었다. 어느 해엔 '배두로던'裵頭老傳(배씨 성을 가진 장로의 우두머리 이야기)이라는 마당극을 초등학교 운동장을 빌려 마을 주민과 진행했던 적도 있었다. 당시엔 배경음악을 마련하기 위해 카세트테이프 두 개가 동시에 들어가는 더블 덱 플레이어들을 동원했었고, 여러 테이프들을 짜깁기하며 음악을 틀던 기억이 생생하다.

그렇다고 내내 무대 뒤편 연출자로만 일했던 것은 아니다. 무대 위에서 활약(?)하기도 했는데, 가장 오랜 기억은 초등학생 시절 예수님과 삭개오의 만남을 극화한 연극에 출연한 것이다. 당시 내 배역은 삭개오였는데, 캐스팅 이유는 또래 중에 키가 제일 작았기 때문이었다. 그러나 기억에 남는 대사는 내가 했던 대사가 아니고 예수님의 대사였다. "삭개오야 속히 내려오라 내가 오늘 네 집에 유하여야 하겠다"(눅 19:5). "오늘 구원이 이 집에 이르렀으니 이 사람도 아브라함의 자손임이로다"(눅 19:9). 예수님의 이 두 마디 속에 반복되어 공통으로 들어 있는 '오늘'이라는 단어는, 십자가에 달리셔서 오른편 강도에게 하신 "오늘 네가 나와 함께 낙원에 있으리라"(눅 23:43)는 구원의 선포에도 등장하는 사뭇 강력한 표현이다.

'오늘'이라는 표현을 쓰지는 않았지만 비근한 예를 들자면, 사마리아 여인과의 대화에서 예배의 본질을 설명해 주시는 장면이다. "아버지께 참되게 예배하는 자들은 영과 진리로 예배할 때가 오나니 곧 이 때라 아버지께서는 자기에게 이렇게 예배하는 자들을 찾으시느니라"(요 4:23). 여기서의 '오늘' '이 때'는 시계시간이 아니다. 의미와 사건이 발생한 시간을 이야기해 주는 사건시간이다.

어쩌면 이런 표현들이 강력하게 느껴지는 이유는 예수님의 생애 가운데 이렇게 즉각적인 행보와 반응을 보이신 경우가 드물었기 때문이다. 도리어 당신의 때, 즉 당신이 등장하실 카이로스가 아직 도래하지 않았기에 다소 역사의 전면에 나서기를 미루시는 표현을 더 자주 접하게 된다. 대표적인 것이 가나의 혼인 잔치에서 물을 포도주로 만드시기 전 어머니 마리아에게 답하신 부분이다. "여자여 나와 무슨 상관이 있나이까 내 때가 아직 이르지 아니하였나이다"(요 2:4). 그리고 예수님의 측근들은 갈릴리 촌구석에 묻혀 활동하시던 예수님에게 이스라엘의 수도 예루살렘으로, 그것도 인구가 운집하는 초막절에 올라가시기를 원했지만, 예수님은 아직 때가 아니라고 하신다.

너희는 명절에 올라가라 내 때가 아직 차지 못하였으니 나는 이 명절에 아직 올라가지 아니하노라 이 말씀을 하시고 갈릴리에 머물러 계시니라 그 형제들이 명절에 올라간 후에 자기도 올라가시되 나타내지 않고 은밀히 가시니라 (요 7:8~10)

하지만 때가 되자 예수님은 이 땅에 오신 당신의 목적을 알리시면서 고난받는 종으로서의 본색을 드러내신다. 그전까지는 자신을 메시아이자 하나님의 아들이라고 적극적으로 고백하는 제자들에게까지도 그 사실을 비밀로 하라고 부탁하셨던 것과는 대비되는 모습이다.

이에 제자들에게 경고하사 자기가 그리스도인 것을 아무에게도 이르지 말라 하시니라 이때로부터 예수 그리스도께서 자기가 예루살렘에 올라가 장로들과 대제사장들과 서기관들에게 많은 고난을 받고 죽임을 당하고 제삼일에 살아나야 할 것을 제자들에게 비로소 나타내시니 (마 16:20~21)

한편 가장 많이 알려진 예수님의 사역 템포 조절 장면은 요한복음 11장에 나오는 나사로를 다시 살리시는 사건이다. 나사로가 병상에 있다는 소식을 들은 즉시 달려가셔서 죽음의 고비에 처한 나사로를 고쳐 주시지 않으시고, 이틀을 더 지체하시다가 결국은 죽은 지 나흘째 되는 날에 나사로를 살리시는 극적인 사건이다. 이로 인해 예루살렘 인근은 온통 술렁이게 되었고, 이것을 큰 위기로 여긴 당시

기득권자들은 서로 간에 적대적이던 그룹들까지 합종연횡하며 예수님을 제거하고자 구체적인 모의를 시작한다. 심지어 나사로까지 붙잡아 없애려는 모의를 했다고 전해진다.

> 유대인의 큰 무리가 예수께서 여기 계신 줄을 알고 오니 이는 예수만 보기 위함이 아니요 죽은 자 가운데서 살리신 나사로도 보려 함이러라 대제사장들이 나사로까지 죽이려고 모의하니 나사로 때문에 많은 유대인이 가서 예수를 믿음이러라 (요 12:9~11)

많은 성경 해설가들은 이 문제의 '이틀'을 '하나님의 영광을 위한 지체'The delay for the glory라고 칭하면서 나사로의 극적 소생이 예수님의 권능을 돋보이게 했다고 주목한다. 하지만 그 이면에 흐르는 예수님의 시간은, 나사로를 다시 살리는 사건을 통해 당신을 대적하던 세력들이 하나로 모이도록 해서, 십자가 고난을 받으시는 마지막 사역을 감당하시려고 주도적으로 연출한 시간이었던 것이다.

그리고 그 '때'는 겟세마네 동산에서 한 번 더 언급된다. 땀을 피같이 흘리시면서 다가올 고난을 붙잡고 씨름하며 기도하시던 예수님이, 육체의 연약함으로 자고 있던 제자들에게 돌아오셔서 이제 때가 다 되었다고 말씀하신다. "세 번째 오사 그들에게 이르시되 이제는 자고 쉬라 그만 되었다 때가 왔도다 보라 인자가 죄인의 손에 팔리느니라"(막 14:41).

예수님은 자신의 생애를 철저하게 사건시간으로 인식하며 사셨다. 그리고 죽으셨다. 땅에서의 그분 삶의 마지막 장면은 이렇게 마무리된다. "예수께서 신 포도주를 받으신 후에 이르시되 다 이루었다 하시고 머리를 숙이니 영혼이 떠나가시니라"(요 19:30). 예수님은 당신의 생애에 일어날 모든 사건을 준비하고 행하고 겪고 나서야 그 생애의 완성을 선포하셨다. 시계시간으로 길어야 33년, 짧게는 3년, 더 짧게는 일주일이라는 기간에 벌어졌지만 수천 년 인류 역사에 두고두고 의미와 가치를 되새기게 하는 엄청난 사건의 장본인이었다.

예수님은 인류 역사와 자신의 생애에 있어서 출연자이자 연출자였다. 주어진 역할만을 위해 무대 위를 오가신 분이 아니었다. 그 대하드라마의 시작과 끝을 아시고 꼭 필요한 이들과 만나시고 대화하셨다. 우리의 삶을 사건시간으로 사고하기 위해서는 내 삶의 외적인 현상만을 바라보지 말고, 나의 내면과 삶 주변의 여러 관계와 세상이 내게 요구하는 것들을 함께 바라보는 연출가의 시각이 필요하다. 이제 나는 내 삶에 있어 PDProducing Director(연출자)이자 PDPlanning Director (기획자)여야 하며, 그 이전에 PDPace Director(조정자)여야 한다. 그런 의미에서 예수님은 최고의 PD였다.

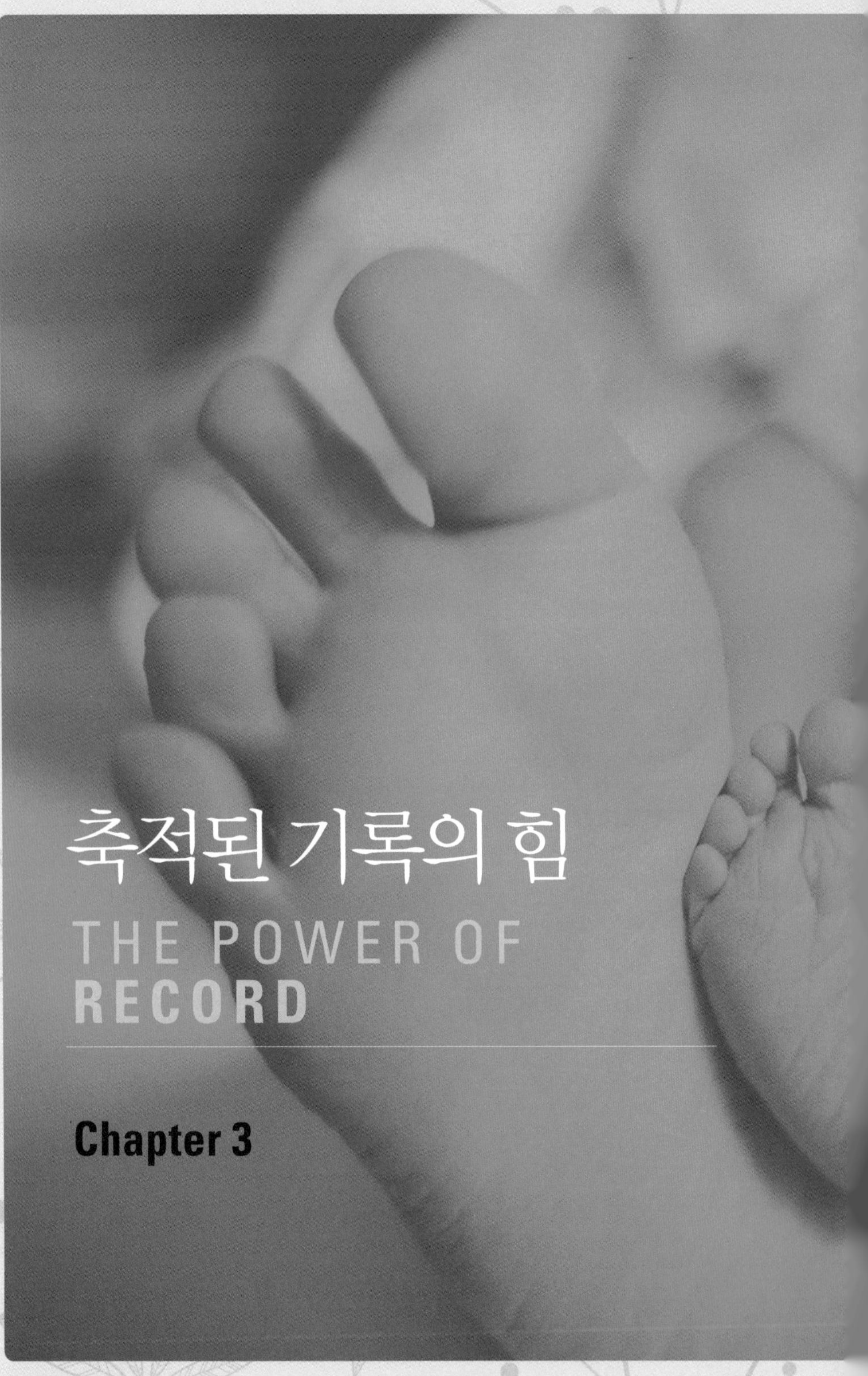

축적된 기록의 힘

THE POWER OF **RECORD**

Chapter 3

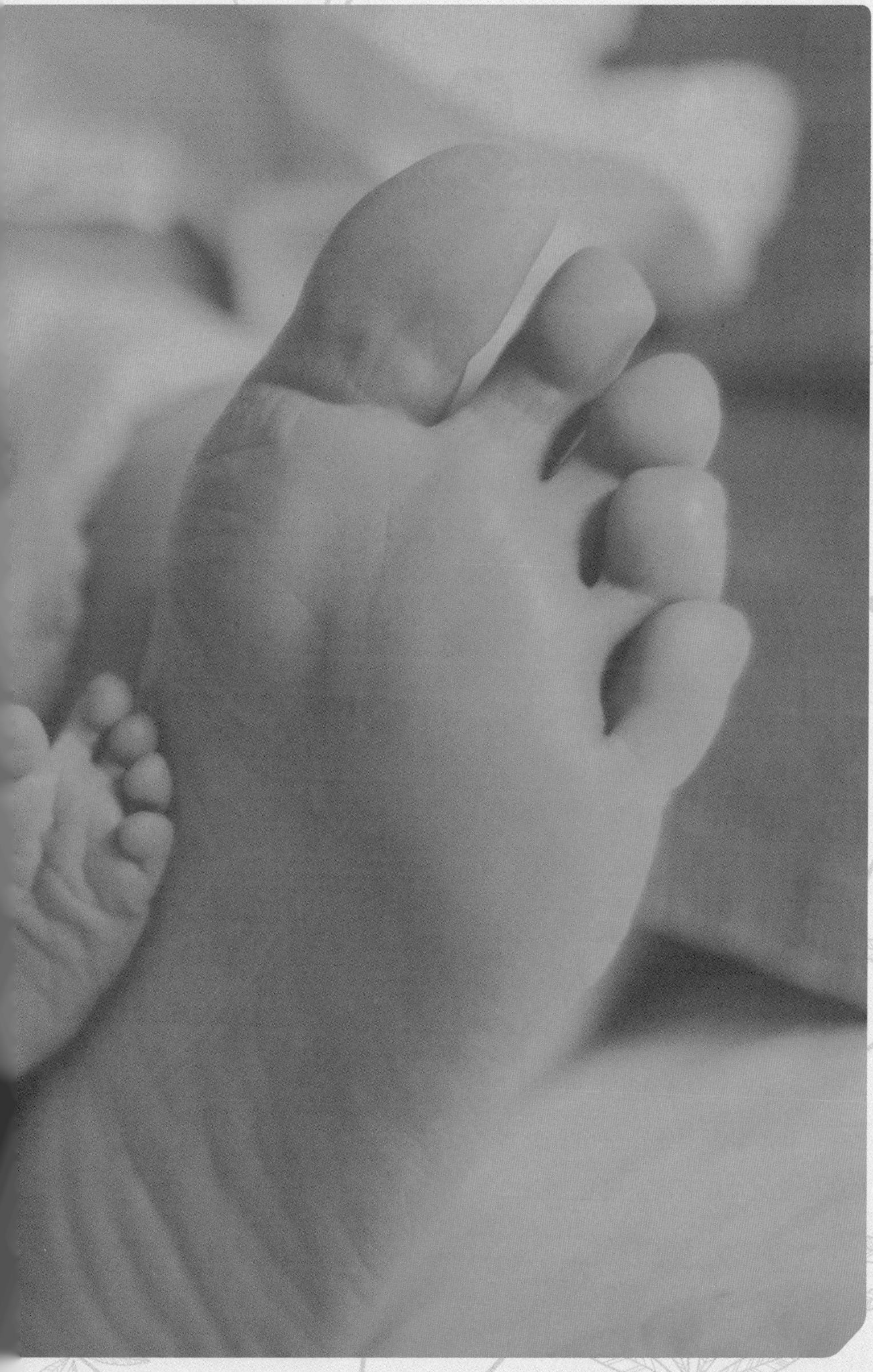

하나의 사건이 인생의 의미가 되기까지

●○● 앞선 글에서 나의 대학 시절 전공이 인문학이나 사회과학이 아니라 전자공학이었다는 것을 밝혔다. 그래서인지 대학 시절 친구들은 지금 주로 대기업 연구소 수석연구원이거나 공대 교수 또는 벤처기업 최고책임자다. 영상통신기술, 온라인게임, 네비게이션, 네트워크 등 IT 분야의 첨단에서 세계와 경쟁하는 친구들의 모습은 자랑스럽기도 하지만, 냉엄한 무한 경쟁의 시스템 속에 있어서인지 가끔은 안쓰럽기도 하다.

주변을 살펴보자면, 동기들 중에 전공과 거리를 두고 외도하는 사람은 날 포함해서 셋이다. 한 친구는 모 일간지의 정보통신 분야 전문 기자로 일하고 있고, 한 친구는 한의학을 다시 공부해서 전자의 료기기로 맥을 짚는 새로운 연구를 하며 한의원을 개업했다. 나는 기독교 비영리기관을 위한 공익 경영 컨설팅이 직업이고, 셀프리더십 코치로도 역할을 하고 있으니 따지자면 전공에서 제일 거리가 먼 편이다. 이렇게 일하는 영역은 각양각색이지만, 그래도 다들 일년에 두어 번씩은 축구 경기로 모이기도 하고, 해외에 파견 나가는 동기를 환송하거나 외국 회사에서 근무하다 귀국하는 동기를 환영하는 모임에 웬만하면 동석하는 편이다. 모두들 나이가 조금씩 들어갈수록 친구들이 보고 싶은 게다. 그런 회포 푸는 모임에서는 공학적이고 기술적인 이야기를 피하는 편이어서, 도리어 내가 수다를 떨어야 하는 경우도 왕왕 있다.

나는 동기들 모임 외에도 지도 교수님 중심으로 회합을 갖게 되는 대학원 연구실의 홈커밍데이 행사에도 이따금 참석하는 편인데, 한번은 교수님께서 "자네가 새로운 분야에서 의미 있는 일을 감당하는 것은 참 축하할 만한 일이네만, 젊은 시절 힘들여 공부한 공학 전문 지식이 좀 아깝다는 생각이 들지는 않던가?" 하시며 진지한 질문을 던지셨다. 그 답으로 나는 조심스럽게 "공학적인 지식이 있는 그대로 쓰이지는 않지만, 교수님께서 공학적인 센스를 잘 가르쳐 주신 덕분에 제 삶과 맡은 역할 속에서 크고 작은 지혜들을 발휘할 수 있어서 감사할 따름입니다"라고 말씀드렸다.

분명 지식과 지혜 사이에는 무언가 확연한 질적인 차이가 있다. 이 차이를 깨닫기 위해서는 여러 가지 통찰력 있는 비유와 설명이 필요하겠지만, 먼저 내 대학 시절 친구들이 꽉 잡고 있는 IT 분야의 공학적 언어를 조금 빌어서 이해를 도와보려고 한다.

피츠버그 대학 명예교수인 앤서니 드봉Anthony Debons은 인간의 지식 시스템을 몇 가지의 단계적 정보의 변환 과정으로 보았다. 이 세상에서 일어나는 '사건'Event들이 상징과 규칙과 형식을 부여받아 '자료'Data화되는 과정, 이러한 자료가 정렬되고 조직화되면 '정보'Inforamtion로 인식되는 단계, 나아가 그 의미가 이해되면 '지식'Knowledge을 거쳐 '지혜'Wisdom까지 단계적인 상승 과정으로 지식 스펙트럼을 제시한다. 정보 처리 관점에서는 자료를 가공 처리하면 정보가 되는 것이고, 정보에 경험과 교육을 더하면 지식이 되는 것이며, 지식을 연구하면 지혜의 차원까지 나아가게 되는 것이라고 설명한다. 간단히 그림으로 정리하면 다음과 같다.

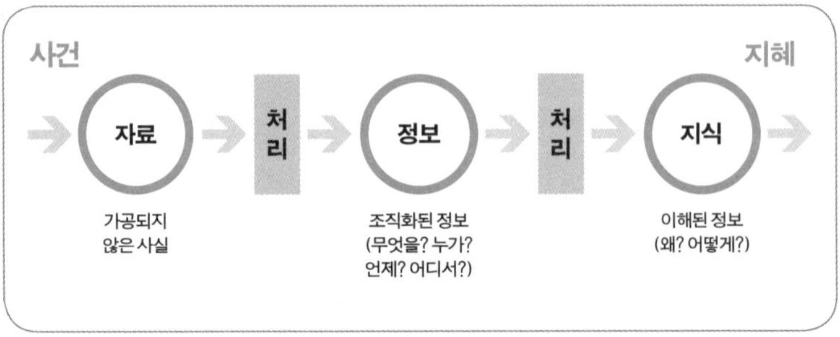

컨설팅회사 Monitor & Co의 최고 지식경영자CKO 앨런 캔트로llen Kentro는 데이터→정보→지식→지혜의 위계를 지닌 지식삼각형을 제시하였다. 그는 정보를 상황설명을 위한 데이터로, 지식은 의미있는

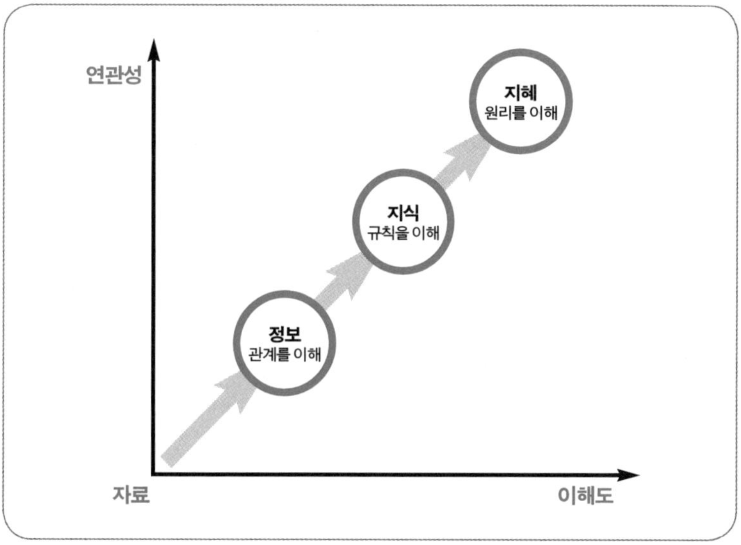

정보로 구분하였다. 독립적인 컨설턴트로 잘 알려진 시스템 모델링 전문가 지니 벨린저Gene Bellinger는 2004년 동료들과 함께 인터넷에 기고한 소논문에서, 이 지식의 위계는 이해Understanding의 수준에 따라, 또한 연관성Connectedness의 정도에 따라 구분될 수 있다고 설명한다.

이렇게 정보와 지식에 대해 학자들의 이야기를 인용하고 나니 뭔가 전문적인 설명을 한 듯한 느낌이 들기는 하지만, 갑자기 교과서스러워진 이 책을 덮고 싶은 분들도 있을 듯싶다. 그런 분들께 조금 맘에 와 닿는 설명을 하기 위해 연애 중인 커플의 예를 하나 들어 보려 한다.

연애 중인 남친에게는 여친의 일거수일투족이 모두 '정보'다. 무슨 음식을 좋아하는지, 어떤 색상의 옷을 고르는지, 어떤 텔레비전 드라마를 챙겨 보는지, 언제 토라지는지 등등 함께 경험했든 엿보았든 대화를 통해 알게 되었든 간에 그녀와 관계가 있는 '사건'과 '자료'들은 모두 '정보'의 위상을 갖게 된다. 이는 단위사건과 자료와 기록들이 그녀라는 특별한 대상과의 관계 안에서 정렬되고 통합되어 강력한 연관성을 갖기 때문이다. 한편 백화점에서 옷을 고르면서 시간 가는 줄 모르는 그녀가 헤어진 옛 여친과 흡사하다면, 또 전화를 붙잡고 친구와 수다 떠는 모습이 철없는 여동생과 다름없다면, 남친은 여친뿐 아니라 여성들의 공통된 문화와 경향에 대한 '지식'을 얻게 된다. 이러한 지식을 통해 평소 여친을 이해하는 데 머무르지 않고 여친과의 연애 전선에 위기가 왔을 때 그 문제를 해결하고 극복하는 통찰력을 얻게 된다면 그 지식은 '지혜'의 반열에 오르게 된 것이다.

이미 눈치 챘을지 모르겠다. 이번 장은 거의 연애와 결부된 이야기로 시작해서 연애와 결부된 이야기로 끝난다. 그러나 연애 그 자체를 위한 신변잡기가 아니고, 사건시간을 관리하는 데 있어서 발휘되어야 할 귀중한 지혜를 얻기 위한 것임을 마음에 두고 읽기를 바란다. 지혜를 발휘하면 당면한 삶의 문제만 해결되는 것이 아니라 그 삶이 '의미'를 가지게 된다. 이 의미를 '가치'라고도 한다. 사건시간 경영은 지식정보화 수준의 인생 설계에 머무르는 것이 아니다. 지혜를 거쳐 삶의 의미로, 그리고 불멸의 가치로 이끌어 주는 영원한 '관계'에 대한 깨달음이다.

그녀를 만난 지 100일 째 vs. 그녀의 손을 잡은 날

●○● 대표적인 연예인 잉꼬부부이면서 꾸준히 기부와 선행에 앞장서온 션, 정혜영 부부는 많은 크리스천 커플들이 부러워하는 역할 모델Role Model(본받고 싶은 모범)이기도 하다. 이들이 지난 10월 8일 결혼 5주년 기념일을 맞아 결혼 4주년 다음 날부터 하루에 만 원씩 모은 365만 원을 가지고 노숙자와 빈곤층을 위한 무료급식소인 '밥퍼'를 찾았다고 한다. 언제 들어도 따뜻한 소식이다.

이따금 방송이나 교회 집회에 초청되어 신앙 간증을 하는 가수 션은 부부 사이의 각별한 마음을 소개해 주기도 하는데, 그중 하나는 결혼한 이후 지금까지도 결혼한 지 며칠째 되는 날이라는 것을 매일 세며 지낸다는 것이다. 필시 아내와의 결혼을 끔찍이 귀하게 여긴다는 고백이다. 그런 이야기를 전해 듣는 범부들의 반응 중에는, 션은 이 땅 남성들에겐 공공의 적이라는 비난과 함께 정혜영 씨처럼 사랑스런 아내를 만날 수 있다면 자신도 그럴 용의가 있다는 농담도 있었다. 그러면 당장 곁에 있던 그의 여친이 꼬집으며 공박한다. 션같은 훈남을 만날 수 있다면 자기도 정혜영 씨처럼 예쁘고 착하게 살 거라고 말이다.

사귐을 시작한 커플들에게 있어 만난 지 100일 째 되는 날은 중요한 날임에 틀림없다. 남친 입장에서는 무언가 이벤트를 벌여야 하는 압박을 느낀다. 꽃을 100송이 사든 학을 1,000마리 접든 그 날을 기념하기 위해 무언가를 준비해야 한다. 그러나 시계시간으로서 100일보다 더 중요한 사건시간이 있다면 그것은 그 혹은 그녀의 손을 잡은 날이다. 두 사람의 관계를 흘러간 날수로 계량하는 것이 아니라 친밀도라는 질로 파악하는 것이 옳다면 말이다.

그저 100일이라는 시간의 축적만으로는 이룰 수 없는 것들이 있다. 진정한 만남 가운데 사건과 사건, 대화와 대화, 사연과 사연들이 질적인 진전을 가져오는 것일 테고, 그(녀)의 손을 잡는 일은 특정한 시간에 극적으로 허락되는 일이 아니라 어느새 그렇게 되어 있어야 하는 것이 맞다. 100일이 되었다고 이벤트만 벌이며 다짜고짜 여친의 손을 잡으려는 남친이 있다면 퇴짜를 맞는 것이 당연지사다.

화초를 돌보거나 농사를 짓는 분들은 이 진실을 더욱 실감할 듯하다. 씨를 심고 일정한 기간이 지나가면서 알아서 싹이 트고, 알아서 자라나고, 알아서 꽃이 피고, 알아서 열매가 열리는 것이라면 돌보는 이가 할 일은 없다. 그저 흘러가는 시간을 관찰하고 정해진 시간이 되었을 때 열매를 수확하면 되는 것이다. 하지만 내가 요즘 돌보는 몇몇 화분들만 보더라도 아차 하는 며칠 사이에 시들어 죽기도 하고, 물을 너무 주어서 뿌리가 썩을 때도 있고, 진드기에 시달리며 잎사귀에 구멍이 뚫리기도 한다. 꽃 한 송이를 제대로 피우게 하기 위해서도 말 못하는 식물과 친밀한 관계를 가지고 사랑하고 섬겨야 한다는 것을 배우게 된다. 하물며 평생 사랑을 주고받아야 할 반려자와의 인격적인 관계는 말할 것도 없지 않은가? 그렇다고 제발 우리의 모든 사귐의 과정이 그녀와의 스킨십을 업그레이드하기 위한 종합적인 연출이라고 오해하지도 말아야 할 것이다.

하나님과의 관계에서도 신앙의 연수는 중요하지 않다. 주일학교 교사 10년 근속보다, 안수집사 5년차에 피택 장로 신분보다 더 중요한 것이 있다면 그것은 그가 예수를 전인격적으로 만나 구원의 확신을 가진 사건, 그분을 구세주로서뿐 아니라 삶의 주인으로 모시게 된 사건, 그리고 그분의 시각으로 시대와 세계를 바라보게 된 사건, 하나님 나라의 도래를 위해 삶을 드리고자 결단한 사건 등 믿음의 여정 가운데 성숙해 가는 사건들의 연속이다. 돌아보면, 나와 우리 가족의 믿음의 여정 중에 중요한 일은 아무래도 나그네처럼 살았던 미국 유학 생활 중 우리 가족을 인도하셨던 하나님에 대한 기억이다.

우리 가족은 2002년 여름 뜨거웠던 월드컵 열기의 여운을 안고 한국을 떠났다. 이후 2004년에 캘리포니아 소재 페퍼다인대학교에서 정규 MBA 과정을 마치고 현지에서 직장을 잡으면서 그때까지 머물던 LA 서부에서 오렌지카운티로 불리는 남부로 집을 옮겼었다. 재학 중에도, 직장을 잡는 과정에서도 하나님의 각별한 도우심을 체험한 사건이 많았는데 그건 다른 기회를 별러 소개하려고 한다. 어쨌든 이사하면서 자연스럽게 절친한 후배를 통해 알게 된 애너하임의 한 개척교회에 출석하게 되었다. 애너하임은 디즈니랜드로 유명하고 2006년 WBC 야구 월드컵 본선 경기가 있었던 곳이기도 하다. 그곳에서 1년 반 가량 찬양 팀 인도자로 자원봉사를 하게 되었는데, 우리 부부는 이 기간을 통해 참 많은 영적 양분을 공급받았다.

내가 그려 왔던 지역 교회 찬양 팀의 소박한 모델을 확인할 수 있었던 것도 그 교회 안에서였고, 오랜 기간 말씀과 기도라는 주제 앞에 메말라 있었던 우리 부부가 목사님의 깊고 맑은 말씀을 접하면서 진지하게 다시 자력갱생할 수 있는 힘을 얻은 곳도 그곳이었다. 특별히 아내는 갑상선 종양으로 인해 2005년 여름에 수술을 받게 되었는데, 수술을 앞두고 수술 결과와는 상관없이 하나님께 정직하고 깊이 있게 의뢰하는 경험을 통해 기도의 줄(?)을 다시 잡게 되었다. 수술 결과는 여러 경우의 수 중에서 가장 좋은 시나리오였고 당시 기도해 주셨던 많은 분들과 지금도 교제를 계속하고 있다.

그래서인지 그 이후로 우리 가족의 영적 지도자가 누구냐는 질문에 주저 없이 나는 내 아내라고 대답한다. 언제나 말과 글과 일에 집중하는 내게 기도와 말씀의 무게를 늘 일깨워 주기 때문이다. 나는 가정을 영적으로 이끌어야 한다는 막연한 부담에서 해방되고, 아내는 늘 신앙의 연수나 말발로 인해 선배처럼 여겼던 남편에게 언제나 솔직한 믿음의 조언을 할 수 있게 되었으니 참으로 기쁜 일이다.

사실 요즘에는 주일마다 새벽 기도를 챙기는 여중생 딸이 우리 가족의 영적지도자 역할을 하고 있다. 지난여름 수련회에서 우리를 용서하시고 사랑하시는 하나님을 머리로 깨닫고 가슴으로도 느껴서, 서로 사랑하는 성령 공동체를 깊이 체험한 후유증(?)이다. 말씀도 더 자주 읽고 개인적인 기도 응답도 많이 받더니, 요즘엔 아빠에게 성경 공부도 함께 하자고 조르기도 하고, 중학생에게는 쉽지 않은 내서가의 신앙 서적을 독파하기도 한다. 최근엔 어느 찬양집회에 가서 방언 기도를 경험하고 와서는 엄마와 한창 상담 중이다.

그래서 나는 회개하는 중이다. 이를 테면 난 하나님을 만난 지 100일이 지났다고 자부하면서 하나님께서 내게 특별한 무언가를 베풀어 주실 것을 기대하고 있었건만, 아내와 딸은 그와 상관없이 벌써 하나님의 손을 잡고 그분의 품에 안겨 은혜를 만끽하고 있는 것 아닌가?

단연코 시계시간의 양은 사건시간의 질을 따라갈 수 없다. 특별히 관계에 있어서는 더욱 그렇다. 션, 정혜영 부부가 오늘이 결혼한 지

며칠 째인가를 헤아리는 것은, 그들이 밥주걱을 들고 힘없고 연약한 이들을 위해 도움의 손길을 내밀고 있기에 더욱 아름답다. 그들이 노부부가 되어서도 우리에게 따뜻한 사건들을 전해 주고 있기를 진심으로 기도한다. 그리고 션, 정혜영 같은 부부들이 이곳저곳에서 하나님의 손을 꼭 잡고 일하기를 더욱 간절히 기도한다.

CHAPTER 03 THE POWER OF RECORD

제 연애 노트를 공개합니다

●○● 아내와 나는 한 교회에서 함께 성장한 교회 커플이다. 내가 그녀의 존재를 인식한 시점은 내가 중학교 2학년을 마치던 겨울 방학쯤이었을 게다. 그녀가 초등학교를 졸업하고 중등부에 올라오던 해 강화도로 함께 중고등부 신입생환영 겨울등산을 떠났을 때였으니까, 지금으로부터 28년 전이다. 올해 가을이 결혼 16주년이었으니, 이젠 결혼 전 알고 지낸 시간보다 훨씬 많은 나날을 룸메이트로 지낸 셈이다. 어쨌든 중고등부와 청년부 시절 12년 동안 알고 지내며 임원으로 리더로 함께 울고 웃던 자매를 평생의 반려자로 맞은 것은 흔치 않은 일일지 모른다.

다만 맹세코 그녀가 대학을 졸업할 때까지는 별다른 흑심이 없었다. 이 부분은 아내도 증언해 줄 수 있다. 어린이부 성가대 지휘자와 반주자로 매주 만나 봉사할 때도, 대학교 2학년이었던 내가 고3인 그녀의 입시 공부를 챙겨줄 때도, 이성으로서 감정을 가지고 만난 적은 없었으니까. 무엇보다 서로 딴 인물에 관심을 가지고 있던 시절도 속속들이 꿰고 있으니 두말할 필요가 있으랴.

하지만 그녀가 대학을 졸업할 즈음, 드디어 내게 모종의 흑심이 생기기 시작한 뒤로는 그간 편하게 주고받던 엽서나 학보 편지, 신앙 성숙을 권면하던 편지들의 내용에 사뭇 신경이 쓰이기 시작하였다. (우리 교회는 중고등부 때 편지 배달 서비스가 활성화되어 있었다. 우리 세대의 경우 공동체 안에서 편지를 종종 주고받는 것이 그리 낯선 일은 아니었다) 그 증거는 바로, 보낼 편지의 초벌을 사본으로 보관하고 새로운 종이에 정서한 내용을 보내는 나의 모습이었다. 아마 나는 그녀에게 한 이야기를 정확히 기억하고 싶었던 모양이다. 얼마 후 나는 초벌을 굳이 만들지 않고도 일필휘지一筆揮之로 연애편지를 쓸 수 있는 경지에 이르렀지만 그때도 난 복사기로 편지의 사본을 뜨고 나서야 안심하고 그 편지를 보냈다는 사실. 그렇다고 그 시절의 나를 섣부르게 별종 취급하지 말길 바란다.

바야흐로 그녀와 매주 한 번씩 개인적인 만남을 성사시키고 얼마 뒤 나는 당시 내가 쓰던 작은 큐티 노트 크기의 노트를 하나 마련해서 그녀에게 편지 대신 연애 노트를 쓰자고 제안했다. 뭐 요즘 초등학생들이 친한 친구들과 주고받는 교환 일기와 흡사하다고 보면 된다. 그때부터 나의 편지 사본 만들기는 이제 필요 없게 되었다.

'내가 그대에게 이러저러한 흑심이 있노라'는 이야기를 한 바닥 적어서 데이트하는 날 건네면, 다음 데이트 하는 날엔 '그 흑심을 이해하고 고마워하노라'는 답이 한 바닥 적혀 돌아오는 방식이었다. 그렇게 1년간 한 권을 채우고 또 새로운 노트를 자매가 마련해 와서 두 권을 채워 가던 즈음, 2년 만에 우리는 결혼에 골인했다. 뭐, 예나 지금이나 연애하는 이들의 이야기는 유치하기 짝이 없겠지만, 자못 진지한 이야기도 오고갔던 두 권의 노트가 지금도 고이 보존되고 있다.

그러나 우리에게도 교제의 위기가 왜 없었으랴. 나의 적극적인 스킨십 시도에 순진한 그녀가 삐치기도 하고, 그녀가 약속 시간을 어겨 내가 삐치기도 했다. 그런 여파로 인해 데이트는 지속되어도 한동안 노트는 오가지 못했던 적도 있었다. 그러나 용서와 화해의 메시지는 늘 그전까지 우리가 주고받았던 노트 속 대화를 되돌아보면서 엄두를 내어 적을 수 있었다. 서로의 부족함과 이중성을 용납하고 내면의 진심을 이해하는 데에도 노트 속에 적혔던 마음 조각들을 다시 맞추어 보는 작업은 참으로 큰 도움이 되었다. 어쩌면 이 연애 노트는 우리 부부의 결혼에 있어 일등공신이 아닌가 생각해 본다. 미리 힌트를 던지자면, 우리 부부에게 있어 이 노트는 연애와 결혼에 있어 우리 둘에게 일어난 사건시간을 잘 관리할 수 있도록 해준 훌륭한 도구였다.

어렵게 아내의 허락을 받아 그 노트 내용의 일부를 여기 공개해 본다. 물론 노트 안에는 이보다 더욱 닭살스러운 내용도 넘쳐나고, 때론 찬바람이 느껴지는 대화도 있다. 그나마 독자들이 참아 줄 만한 수준의 무난한 글을 고르는 것도 쉽지 않았다.

"생각해 보니 이 노트를 쓰기 시작한 지 반년이 더 지났구나. 이 노트가 세상에 빛을 보기 전 네게 보냈었던 91년 10월의 기도 제목 일람을 한번 찾아보렴. 난 오늘 컴퓨터 파일을 정리하다가 한구석에 숨어 있었던 그 기록을 찾았단다. 참 신선한 되새김을 주더라. (중략) 서로에게 속사람을 보여 주면 보여 줄수록 서로를 가벼이 여기게 된다면 안 될 말이지. 도리어 그럴수록 귀하고도 소중히 인정해 주는 맘이 더 많아야 하는 거야. 이제껏 가꾸어 온, 그리고 앞으로 더 아름답게 빚어갈 우리의 인격을 서로의 편의를 위해 하향조정하지는 말기로 하자. 착하고 곱고 온유하고 겸손하고 참을성 많고 이해심 많고 똑똑하고 경우 바르고 균형 잡히고 안정적인 妃(비, 당시 내가 붙인 애칭)임을 자부하며 널 침식시키는 모든 악한 정서와 그릇된 의지들을 물리치기 위해 싸워라. 나도 내게 해당하는 것들을 힘써 지키기에 부지런을 떨게." (1992. 6. 11)

"사랑을 가꾸어 나가는 것, 그리고 그것을 누리는 것이 결코 쉽지 않다는 생각을 어렴풋이 가져 봤어. 적은 투자로 많은 유익을 얻고자 하는 내 욕심 때문인가? 누리고는 싶은데 가꿔 나가는 수고는 하기 싫어하는 습성들……. 그래서 누릴 만한 어떤 소소한 사건들을 늘 머릿속에만 잡아 매두고 그것으로 자족해 왔던 것 같아. 오빠와 함께 있지 않은 날엔 주로 예전의 좋은 기억만 되새기며 '우리 사이 이상 무'라단정 짓고 옅은 안심을 하곤 해. (중략) 지금껏 오빠만큼 오해 없이 뒤틀림 없이 시원한 대화를 가능하게 해준 사람이 거의 없었거든. 대화로 시작했다가도 어느 순간 오빠가 일장 연설 내지는 설교를 하고 있더라도 그것이 내게 부담을 주거나 불만을 품게 하지 않았고 오빠의 Original Intention(본디 속맘!)을 이해하는 것이 가능했었어. 아마도 요 부분이 내게 오빠와 내가 손가락 걸 사이라는 확신을 가져다 준 셈이지." (1992. 6. 13)

이런 노트 데이트는 결혼 이후에도 이어졌다. 다만 매일 얼굴을 대하고 이야기하며 지내는 부부가 되었으니, 거의 매주 주고받았던 연애 시절에 비하면 몇몇 기념일을 중심으로 양념처럼 오고 갔던 글이 대부분이었다.

"만땅 서른이네? 축하합니다! 앳된 얼굴의 사진과 함께 〈복음과 상황〉 97년 12월호에 실린 오빠의 글 '미답지론'을 읽으면서 이런저런 스트레스와 피곤에 시달리면서도 주님이 주신 생각과 양심만큼은 건강한 내 남편이 자랑스러웠지요. 하나님은 오빠의 가슴 속에 늘 소망을 키우시나 봐. 퐁퐁 솟는 샘물같이 말야. 또 다른 서른 해를 지내기까지 우리는 어떤 변화를 겪어 내야 할까? 육십 노인이 되어서 이 노트를 적을 땐 어떤 모습일까? 구체적인 그림을 그릴 수는 없으나 우린 '미답지'를 찾아 그곳에서 뒹굴고 땀 흘려 일하는 과정을 '반드시' 거쳐서 주께로 가까이~ 가까이~ 가고 있겠지? ^^ " (1997. 12. 3)

“이제 우리의 두 번째 노트를 덮는 순간이 다가오는구나. 우리 아이가 커서 철이 들면 셋이서 같이 쓰는 노트를 마련해 볼까나 생각 중이다. 새해에는 그간 헐렁했던 믿음의 나사를 조이고, 빽빽했던 행함의 바퀴에 기름을 치고, 나를 실망시키고 힘들게 했던 저급한 쟁투에서 벗어나 꿈꾸러기답게 살고프다. 그대는 꿈꾸러기의 마누라되어 행복한 한 해 계획하여라.” (1997. 12. 23)

결혼 16주년을 열흘 앞둔 지난 8월 31일은 아내의 39번째 생일이었다. 그날 아내를 위한 특별한 선물로 노래를 하나 지었다. 아내를 사귀기 시작한 이후로 그녀만을 위한 노래는 처음이라서 선물하고도 구박받았다. 사실 노래 가사를 뜯어보면 17년 전 연애하던 때의 정서에서 벗어나지 못한 나를 발견한다. 어쩌면 못 벗어난 것이 다행인지도 모른다는 생각이 든다.

오늘처럼 고운 날 아름다운 그대를
빚어 주신 주님 그 솜씨를 다시 새겨 봅니다

들꽃보다 귀하게 산새보다 소중히
순결하신 주님 품 안에서
매일 새롭게 더욱 새롭게 빚어지게 하소서

햇살처럼 강하게 강물처럼 꿋꿋이

겸손하신 주님 길 따라서

매일 새롭게 더욱 새롭게 살아가게 하소서

'적자생존'과 '남존여비'의 새로운 의미

●○●《감자탕교회》의 저자로 유명하신 인간개발연구원의 양병무 원장님과 사석에서 이야기할 기회가 있었다. 여러 이야기가 있었지만 누구든 자신의 생각을 기록으로 남기는 것을 격려하는 차원에서 해주신 이야기가 있었다. 그것은 바로 '적자생존', 기록하는(적는) 자만이 살아남는다는 모종의 우스개였다. 어쩌면 내가 시간에 대한 내 생각을 이렇게 책으로 엮을 엄두를 낸 것에는 그때의 조언에 영향을 받은 듯하다.

당시 양병무 원장님은 겸손한 사람만이 책을 쓸 수 있다고 하셨다. 왜냐하면 그렇지 못한 사람은 자신의 생각을 완벽하게 표현해야만 책이 되는 것으로 여기고 여간해서는 글로 자신의 생각을 남길 용기를 내지 못하기 때문이라고 하셨다. 겸허히 자신의 생각을 글로 남긴 후 좋든지 나쁘든지 글을 읽은 이들의 반응을 또 다른 배움의 기회로 삼겠다는 사람이 계속 글을 쓸 수 있는 용기를 가진 사람이라고 하셨다. 나 또한 그 생각에 동의한다. 그리고 이 책을 읽는 독자들의 쓴소리도 달게 듣겠노라 마음먹고 있다. 사실 내게는 서툴지만 용기를 내어 무언가를 적었기에 하나님의 인도를 받을 수 있었던 잊을 수 없는 사건이 이미 하나 있다. 내가 종종 주변에 '가뭄에 콩 딴 이야기'라고 전하는 유학 중 겪은 사건이다.

2003년 봄, MBA 두 번째 학기를 마치면서 하나님께서 나와 우리 가족을 특별히 격려하신 일은 바로 페퍼다인대학교에서 극적으로 받게 된 장학금이었다. 1년 정도 남은 과정을 다 마칠 때까지 1만 5,000달러를 학비에서 감면해 주는 장학 혜택을 받았는데, 당시 남은 학비가 3만 달러 가량이었으니 그중 50퍼센트 정도를 해결할 수 있게 된 것이었다. 학장의 확인 편지를 받은 날, 한참 동안 말을 못하고 편지만 뚫어져라 보면서 세 번 네 번 다시 읽었던 기억이 생생하다. "참 감사하다, 감사하다……"를 되뇌면서 말이다.

사실 비즈니스 스쿨의 MBA 과정은 일반 학위 과정과 달리 장학금이 거의 없다시피 하고, 더욱이 외국 학생의 경우 재정 능력이 부족하다는 사실은 입학 사정과 비자 발급에 영향을 미치기 때문에 최초 지원 시 장학금을 신청할 수는 없었다. 다행히 공학석사 학위 덕에 전산실 조교로 일하게 되어서 학기당 1,500달러 정도의 보조비만을 받고 있었다. 학교에 들어와서 알게 된 더 절망적인 정보는, 그나마 있는 장학금 재원이 신입생 리크루트 예산으로 배정되어 있기 때문에 신입생 외의 재학생에게는 혜택이 돌아가지 않는다는 것이었다. 입학 시 신청하지 않으면 신청 자체가 안 된다는 말이었다. 학장 바로 밑 직급의 교수들과 교무위원들의 대답도 같았다. 전례도 없었다.

로스쿨이나 MBA 과정 학비의 규모는 1년에 2만 5,000달러에서 3만 불(3000만~3600만 원)이다. 2년 정규 과정 중에 있는 내 경우에는 전세금을 탕진하고도 모자라 빚을 얻어야 학비와 생활비를 감당할 수 있었기 때문에, 최악의 경우 차를 처분하거나, 영주권을 가진 보증인의 신용을 빌어 일부 학비를 대출하는 것을 계획하고 있었다. 외국 학생은 보증인이 없으면 제 아무리 MBA 학생이라 하더라도 자기 신용으로는 대출이 불가능했다.

그러던 어느 날, 잠도 안 오고 공부도 손에 안 잡히던 밤에 불현듯 떠오른 생각을 따라 학장에게 이메일로 긴 편지를 쓰게 되었다. 맞는지 틀리는지 잘 모를 영어 표현으로 내가 이 공부를 선택하게 된 동기와 앞으로 하고 싶은 일들, 그리고 지난 두 학기 동안 내 나름대로 열과 성을 다해 공부했다고 우기는 내용을 담아서 말이다. 내게 다행히 숙제와 시험을 챙기는 재주가 녹슬지 않아서인지 학점에는 별 하자가 없었다. 결론적으로는 내년도 신입생들과 함께 장학금을 신청할 자격을 줄 수 없겠느냐는 두서없는 부탁의 글이었다.

한 달 간 일언반구 답장이 없어 괜한 헛물을 켰다고 생각했다. 원리 원칙을 숭앙하는 미국 사회에서 예외를 부탁한 것이니 거절당해도 뭐 할 말 없다, 영작 연습했다고 치자, 그렇게 포기하고 있을 즈음 프로그램 디렉터로부터 짧은 이메일을 받았다. 승인이 되면 연락을 줄 테니 기다리라는 내용이었다. 난 용케도 장학금 신청자로서의 자격을 심사받는 중인가보다 생각했는데, 얼마 후 집으로 날라 온 편지는 장학금 금액까지 찍혀있는 최종 서명 서류였다. 다음 날 사무실을 찾아가서 본인 확인 절차를 밟는 동안 프로그램 디렉터가 빙긋 웃으며 말했다. "You are a really lucky guy!(넌 참 운 좋은 녀석이야!)"

현금이 당장 손에 쥐어진 건 아니었지만 그주 감사 헌금 액수가 좀 컸었다. 내 노력으로는 포기의 단계에 이르렀을 때, 선물처럼 허락하시는 하나님의 은혜를 이국 땅에서 겪고 나니 감사가 남달랐다. 재정적으로는 무모하다시피 했던 유학 계획을 세우고 학비가 부족할 것을 뻔히 내다보면서 한국을 떠날 때 하나님께 기도했던 것이 기억났다. 나마저 순수한 분들의 주머니를 축내며 후원금으로 공부하지는 않도록 해주십사 하고 말이다. 난 누군가에게 대단한 사람으로 여겨지면서 하나님의 일을 위해 세상의 명예를 포기한 삶을 사는 것인 양 소개받을 때, 괴롭기도 하고 부끄럽기도 하다. 하나님의 일이 세상의 명예를 포기해야 얻어지는 것이 아님도 자명하지만, 그런 식으로 자신의 선택이 신앙으로 장식되어서, 믿는 이들의 도움을 받는 것이 당연시 여겨지는 게 싫어서이기도 했다.

돌아보면 학장에게 썼던 그 편지의 내용을 하나님께선 당신에게 올리는 탄원의 기도로 여기셨는지도 모른다. 영어로 서툴게 써 내려갔지만 어쩌면 그 행간의 마음까지 하나님은 읽으셨던 것일까? 학장에게도 그저 따지고 요청하는 내용으로 여겨지지 않고 내 간절한 마음이 순수하게 전해진 것일까? 이러한 경험들 속에서 내가 확신하게 된 것은, 하나의 기록이 능력을 발휘할 수 있으려면 두 가지 요건이 있어야 하는데 그 하나는 인격적 대상에게 진실한 마음을 전하는 기록이어야 할 것이며, 또 하나는 그 기록을 꾸준히 축적해야 한다는 것이다. 적어도 둘 중 하나의 조건만이라도 충족시킨다면 그 기록은 힘을 얻을 것이라 생각했다.

생존을 위한 우스개들 중엔 평양과학기술대학교 설립을 위해 부총장의 역할을 맡아 동분서주하시는 정진호 교수님의 우스개도 여기에 못지않다. 그분의 헌신된 삶을 이야기해주시는 간증을 통해 수차례 확인한 바 그분의 생존 방식은 '남존여비'男存女脾였는데, 소위 남성(남편)이 생존하려면 여성(아내)의 비위를 잘 맞추어야 한다는 뼈아픈 말씀이셨다. 2009년 가을에 신설된 KBS2 개그콘서트의 인기 코너인 '남보원'(남성인권보장위원회)은, 이러한 생존 방식 뒤에 있는 남성들의 억압된 허위의식과 여성들의 무의식적 강요를 반어적으로 통렬하게 고발한다. 이를테면 "커피 값은 내가 내고, 쿠폰 도장 니가 찍냐! 커피 값은 내가 냈다, 진동 오면 니가 가라!"고 출연자들의 선창에 따라 구호를 외치는 코너다. 실제로 이 방송 이후로 영화관 앞 커피 전문점에서 진동 키트에 진동이 오면 주로 데이트하던 여자들이 음료를 가지러 가더라는 목격담을 담은 한 방송 PD의 칼럼을 본 적도 있다.

어쩌면 앞서 소개한 나의 연애 노트는 표면적으론 이 두 가지 생존 방식의 절묘한 조합이 아니었나 자평해 본다. 하지만 단언컨대 우리 부부의 연애 노트는 연인 관계의 유지 정도가 아니라 부부의 탄생을 적극적으로 도와주고 결혼의 영원한 의미를 바라보게 하는 축적된 기록으로서 힘을 발휘해 주었다.

어쨌든 적는 것, 기록하는 것은 누구나 중요하다 이야기한다. 그러나 무턱대고 기록하는 것은 무질서한 자료만을 양산할 뿐이다. 여기서도 역시 기록의 양이 아니라 기록의 질이 중요하다. 3장의 초두에서 이야기한 것처럼 기록의 동기는 인생 가운데 맞닥뜨릴 문제를 해결할 수 있는 지혜를 얻기 위해서다. 그 기록이 마침내 지혜로서 힘을 발휘하기 위해서는 인격적 대상을 향한 진실한 내용이 담겨야 하고, 나아가 그 관계 가운데 잘 정렬되고 축적되어야 한다. 이러한 기록은 단지 생존의 차원을 넘어서서 생애의 의미를 얻기 위한 것임을 다시 한 번 새겨 본다.

"날마다 주님과 함께"
– 큐티 노트

●○● 앞에서 강조한 것처럼 우리의 기록이 마침내 지혜로서 힘을 발휘하기 위해서는 인격적 대상을 향한 진실한 내용이 담겨야 한다. 그리고 그 관계 가운데 잘 정렬되고 축적되어야 한다. 사실 한국에서는 1980년 즈음부터 신실한 그리스도인들에게는 이러한 성격의 단위의 기록이 이미 존재해 왔다. 굳이 이름을 붙인다면 큐티Q.T. 노트. 하나님과의 관계 속에서 그분의 말씀을 내 삶에 비추어 진실한 고백의 내용을 담은 영적 일기인 셈이다.

'경건의 시간' 또는 Q.T.Quiet Time이라고 일컫는 이 특별한 시간은, 매일 아침 또는 날마다 정해진 시간을 별러 성경 말씀을 중심으로 하루 동안 내 삶을 향한 하나님의 뜻을 살피고 이 뜻을 위해 기도하는 시간으로 정의할 수 있다. 1882년 영국 캠브리지 대학의 후퍼Hooper와 도르톤Thorton등 몇몇 학생들이 시작했던 경건 훈련 운동이 큐티의 기원으로 알려져 있다. 이들은 자신들이 그리스도인임에도 불구하고 마음과 생활이 '세속적 경향'으로 가득 차있는 것을 발견하고, 기도하면서 해결 방법을 찾기 시작했다. 거룩을 유지하기 위해서 그들이 찾아낸 방법은 하루 생활 중 얼마를 성경 읽기와 기도로 보낸다는 것이었다. 결과적으로 이것은 세계를 변화시킨 영적 운동들 중에 하나로 꼽히는 운동이 되었다.

그들은 이것을 '경건의 시간'Quiet Time이라고 불렀고, '경건의 시간을 기억하자!'라는 슬로건을 외치며 신앙생활을 해나갔다. 결국 이들 캠브리지의 일곱 명은 중국 선교사로 평생 헌신하며 하나님과 동행하면서 주님의 사역을 감당했다. 이후 이들의 경건 훈련 방법인 '경건의 시간'을 여러 사람들이 사용하기 시작했고 큰 영적 유익을 맛보았다. 지금도 큐티는 각종 제자 훈련 과정의 가장 기초적인 훈련으로 여겨지고 있다. 그러나 한 때 이 큐티를 잘 이해하지 못한 이들 가운데에는 동양적 명상과 크게 다르지 않은 영성 훈련으로 여기고 명상의 재료로서 그 내용만 성경으로 대치하려는 오해도 종종 있었다.

나는 네 살 때 서울로 올라와서 대학교 일학년 때까지 마당이 있는 작은 단독주택에 살았다. 지금도 그곳에서 1킬로미터 남짓 떨어진 곳에 살고 있으니 어렸을 적 동네를 그리 벗어나지 못한 듯하다. 지금 그 집터는 어느 교회의 주차장 부지가 되었다.

그리 넓지 않은 집에 4남매의 막내로 지내다 보니 나의 고유 공간은 없었다. 심지어 내 장난감을 넣어둘 서랍도 따로 없어서 작은 누나의 책상에 셋방살이를 했고 내 공부용 책상은 늘 밥상이 대신했다. 형 누나들에게 밀려 나면 작은 마루에서 일과의 대부분을 지냈었다. 어찌 보면 우리 세대에게는 그리 낯설지 않은 풍경이다.

마룻바닥을 이리저리 뒹굴기도 하고 얼마간 엎드렸다가 다시 등을 대고 누워 천장 무늬를 하나둘 세가며 낮잠을 청했던 적도 있었다. 당시 우리 집 마루 위편에는 마치 가훈처럼 꽤 커다란 액자가 붙어 있었는데, 액자에는 두터운 붓글씨로 '정관자득'靜觀自得이라 쓰여 있었다. 만물을 고요히 바라보면 저절로 그 이치를 깨달을 수 있다는 뜻으로 나로선 어린 나이에 접한 사자성어였는데, 중고생이 되어서도 이 뜻을 알고 있는 동년배는 물론 선생님이나 어르신들도 드물었다. 찾아보면 이 사자성어의 기원이 된 한시는 송나라 때 유학자인 정호程顥의 '추일우성'秋日偶成이라는 시인데 그 전문을 잠시 소개한다. 알고 보니 지난 가을 한 유명한 은행장이 그리 명예롭지 않은 퇴임 자리에서 자신의 심정을 소개한 사자성어여서 예전보다 좀 더 알려지기는 한 것 같다.

閑來無事復從容 (한래무사부종용)

睡覺東窓日已紅 (수각동창일이홍)

萬物靜觀皆自得 (만물정관개자득)

四時佳興與人同 (사시가흥여인동)

道通天地有形外 (도통천지유형외)

思入風雲變態中 (사입풍운변태중)

富貴不淫貧賤樂 (부귀불음빈천락)

男兒到此是豪雄 (남아도차시호웅)

한가로이 하는 일 없고 다시 조용하니

잠 깨자 동창에 해가 이미 붉었구나.

만물을 조용히 바라보면 스스로 득의함이요

사계절 흥취도 인간과 더불어 같은 것이라.

도는 천지의 형체 가진 것 밖으로 통하고

생각은 풍운의 변화 속에서 얻어진다.

부귀에 빠지지 않고 빈천을 즐겨하니

남아가 여기에 이르면 영웅 호걸이라

이 한시에 흐르는 정서가 일종의 명상meditation이다. 명상을 통해 세상의 이치와 삶의 자족을 배우는 이러한 접근은 현대 서구 사회에서 또다시 주목을 받고 있다. 요가나 참선이 그것이다. 하지만 경건의 시간은 이런 명상이 아닌 묵상을 통해 하나님의 뜻을 구하는 것이다. 묵상에 대해서 내가 가장 좋아하는 정의는 숭실대학교 김회권 교수님의 표현이다. 김 교수님은 성경 묵상을 명상meditation이 아닌, 씨름struggle이라고 정의하셨다. 즉 영적 투쟁이라는 것이다. 시편 1편에서 '주야로 그 율법을 묵상하는 자로다' 할 때 그 '묵상'이 히브리 원어 상으로 씨름에 가까운 뜻이라고 하셨다. 하나님의 말씀이 우리 본성과 육신에 반하는 가르침이기에 결국 씨름이 되는 것이다. 성경 묵상이 평안함을 주는 것이라면 그것은 이미 묵상의 자격을 잃은 것이다. 묵상은 내 마음에 거침이 되고 씨름이 되고 갈등을 주고 그것을 해소해야겠다는 마음을 주는 것이어야 하다. 이 세상 속에서 나는 왜 이렇게 밖에 못 사나 하는 갈등이 일어나야 정상이다. 하나님의 뜻이 이런데 나는 왜 이런가 하며 씨름하는 것이 성경 묵상의 본의이다.

또한 성경을 읽고 적용하는 데 금기가 되는 표현이 있다면 '혼자서도 잘해요'라는 태도다. 동양적인 명상이 아니라 삶을 향한 씨름이라면 더더욱 우리는 혼자서 잘할 수 없다. 그래서 나는 그리스도인들이 좋은 공동체에 속하는 것이 참 중요하다고 생각한다. 무엇보다 말씀을 적용하려고 노력하는 공동체에 속해야 한다. 그리고 그 안에서 자신이 이율배반적인 사람이라는 것들을 매일매일 경험해야 한다. 이를테면 결혼이라는 공동체로 들어가면, 숨김없이 다 드러난다. 내가 얼마나 이율배반적인 인격자인지 알게 된다. 종종 내 아내도 웃으면서 이렇게 날 협박한다. "내가 입을 열면 당신 정치 생명은 끝이야." 그러면 나도 웃으며 이렇게 대답한다. "그래서 나는 당신을 쥐도 새도 모르게 제거해야 하거나 깊이 사랑해야 하는데 나는 후자를 택한 거지."

반려자의 삶의 이율배반까지도 함께 감당할 수 있는 부부 공동체는 상대방의 연약함을 용납해 주고, 그런 모순적인 신앙의 모습을 자극하고 격려하면서 다시 살아내 보자고 용기를 주는 기초 공동체가 된다. 그래서 작은 소그룹이든, 큰 교회가 되었든 한 사람의 실천이 그 사람이 주장하는 바에 못 미친다고 해서 그 사람을 쉽게 정죄하지 말아야 한다. '뭐, 저게 삶으로 증명되지도 않는데 저것을 굳이 하자 그러는 걸까'하면 지레 포기하는 것이다. 그런 이율배반적인 것, 그 사람의 말과 삶이 다르다는 것이 도리어 우리에게 목표를 준다. 그것을 꾸준히 일치시켜 가는 공동의 목표가 생기고 공동체가 그러한 동력을 지니면 매우 힘이 있다. 자기 공동체가 한 해 동안 목표대로 살지 못했다는 것을 서로 이야기하고 그것을 메워 나가기 위해 노력하는 것이 중요하다. 젊은이들이 무엇을 하려 하면 아직 미성숙해서 실행할 수 있는 능력이 역부족일지라도 그것을 행할 수 있도록 동기를 부여하고 기다려 주고 해보게 하는 실험 정신이 필요하다. 나는 이것을 '임상 정신'이라고 표현하고 싶다. 말씀 묵상과 실천의 과정에서도 자기 스스로를 말씀의 실험 존재로 던지는 임상 정신이 반드시 필요하다고 생각한다.

큐티 노트는 호젓한 분위기에서 마음을 적시는 시구를 적어 나가는 공간이 아니다. 말씀 속에서 하나님과의 관계를 점검하고 깨달은 것을 새기는 곳이다. 내가 누리고 있는 것을 감사하며 아버지 되신 분께 정직하게 구할 것을 아뢰는 기회다. 나아가 그분의 긍휼과 자비로 이웃과 세상을 바라보며 섬길 것이 무언지 고민하고, 내 본성과 씨름하며 결단하는 시간이다. 과연 내게 어디선가 이런 내용들이 축적되고 있다면, 이 기록들이야말로 나의 삶을 사건시간으로 계획하게 만드는 밑거름이 될 것이다.

홀로 '정관자득'靜觀自得(고요하게 바라보아 스스로 깨닫는 것)보다 중요한 것은, 작은 공동체로서 '정관자득'正關慈得(올바른 관계 속에서 사랑으로 얻어지는 것)이 아닐까?

시간관리 패러다임 바꾸기

RELATION-CENTERED PARADIGM

Chapter 4

시간을 저축할 수 있을까?
– 모모 이야기

●○● 지난 가을에는 오랜만에 형님과 단둘이 프로야구 한국시리즈 3차전을 관람하면서 추억을 되새기는 시간을 가졌다. 형님은 당시 2연패 후 재기의 발판을 마련하려던 SK 와이번즈 편이었지만, 나는 은근히 KIA 타이거스를 응원하던 차라 표정 관리가 좀 힘들었다. 다행히 3차전은 SK가 대승을 일구어낸 경기라 형님은 기분이 좋으셨다.

사남매의 막내였던 내게 8년이나 손위였던 맏형님은 철들기 전까지는 여러모로 범접할 수 없는 존재였다. 그럼에도 막내 남동생을 친구처럼 대하며 놀아 주시던 때가 생각이 난다. 집 앞 공터에서 야구

공을 주고받으며 놀던 때도 있었고, 따로 모아 두었던 유리구슬 한주머니를 물려주시던 기억도 난다. 형님이 대학에 입학한 해 여름에는 최고의 인기를 누리던 〈로봇태권브이〉 4탄을 개봉관인 대한극장에서 보여 주시고, 인근 경양식 집에서 함박스테이크를 사주시기도 했다. 개봉하는 날이 여름 성경 학교가 시작하는 날이었는데 개근상을 놓치는 것을 살짝 고민하면서도 즐겁게 형님을 따라나섰던 기억이 생생하다.

돌아보면 형님은 그저 나와 놀아 주시기만 한 것이 아니라 내게 문화적인 영향도 두루 끼치셨다. 형님이 아끼던 기타를 틈틈이 빼내서 독학한 덕분에 아마추어 치고는 찬양 예배를 인도하기에 큰 부족함 없는 수준이 되었다. 또 내 동기들이 최초 입학생이었던 과학기술대학에 진학해 보라는 친지 어르신들의 권유를 형님이 나서서 말리며 종합대학에서 캠퍼스 문화를 골고루 맛보아야 한다고 주장해 주었기에, 잡다하긴 하지만 두루 다양한 경험을 지닌 지금의 내가 가능했다. 진로를 자주 바꾸어 철없어 보일 듯도 했던 동생을 꾸짖을 만도 했건만 늘 조용히 응원하고 지켜봐 주셨다.

그중 조금 특별한 선물은, 초등학생이던 내게 사준 두 권의 소설책이었다. 독일 작가인 미하엘 엔데Michael Ende의 소설《모모 *Momo*》와《짐 크노프 *Jim Knopf und Lukas der Lokomotivefuhrer*》였다. 형님은 당시 법학을 전공했지만 독어에도 꽤 애착을 가지고 공부하면서 주한독일문화원을 자주 드나들었기에 일찌감치 작가와 함께 이 책들의 존재를 아셨던 것 같다. 아마 당시로는 국내에 처음 번역 소개되었던 미하엘 엔데의 책들을 내게 사주신 이유를 딱히 알 수는 없지만, 생텍쥐베리의《어린 왕자 *Le Petit Prince*》정도를 읽던 또래들 속에 있었던 내게는 사뭇 신선하고 흥미진진하게 다가왔고, 두 책 모두 몇 번씩 읽었던 기억이 난다. 신기하게도 얼마 안가《모모》는 베스트셀러 목록에 올랐고, 때마침 소설의 주인공 모모를 소재로 삼은 듯한 인기 가요 '모모'도 등장한다.

하지만 그 노래가사를 통해《모모》의 내용을 짐작할 수 있다고 기대한다면 오산이다. 그도 그럴 것이 "모모는 철부지"로 시작하는 이 가요의 진짜 소재는 에밀 아자르 Emile Ajar가 쓴《자기 앞의 생 *La Vie devant Soi*》에 나오는 주인공 소년 '모모'이기 때문이다. 민족끼리는 원수지간이었던 유태인 아주머니와 아랍 소년 사이의 인간애를 그린 소설로, 당시 대학생이었던 가수 김만준이 이 소설의 주요 모티브를 사용해서 노래를 만들었다고 한다. 노래 가사가 지닌 중의적 표현들이 소설《모모》와도 일면 상통했기에 나도 오랫동안 이 노래의 주인공이 그저 소녀 모모로만 짐작했었는데, 최근 어느 분께《자기 앞의 생》을 소개받고 나서야 내 오해를 바로잡을 수 있었다.

어쨌든 여기서 주목하려는 인물은 소설《모모》의 주인공 소녀인데, 소설의 전편을 통해서 어떤 불온한 세력과 맞서서 사람들에게 행복과 자유를 되찾아 주는 독특하고도 신비한, 그렇지만 평범하고 친근한 존재로 묘사된다. 그리고 그 어떤 세력은 '회색 신사'로 묘사되는 일종의 세일즈맨들의 조직으로, 그 이름은 '시간저축은행'이다. 그들은 마치 요즘의 보험설계사나 재무설계사처럼 사람들을 찾아다니며 사람들이 얼마나 시간을 허비하고 사는지를 증명하고 주장한다. 결과적으로 시간을 절약하여 저축할 것을 권유하고 그들에게 맡겨진 시간을 불려서 노후에 넉넉히 돌려주겠다고 현혹한다. 마치 노후연금 보장보험 같은 구조로 시간을 취급하는 장면인 셈이다.

하지만 이들은 사람들의 시간을 긁어모아 마법에 걸린 장미 형태로 냉동 보관한 후, 이것을 곶감 빼먹듯 녹여서 자신들의 삶을 연명하는 기생 집단이었고, 이들의 비밀을 알게 된 모모는 사람들에게 이를 알리고 이 세력을 척결하는 핵심 역할을 담당한다. 무엇보다 회색 신사들이 모모를 두려워하는 이유는, 모모는 시간을 절약해야 한다는 그들의 논리에 꿈쩍도 하지 않고 사람들에게 도리어 시간은 저축할 수 없고 인간의 행복을 위해 자연스럽게 흘러가야 한다는 것을 가르쳐 주기 때문이었다. 그리고 마을 아이들과 사람들에게 이를 전파했기에 그들에게는 눈엣가시이면서 두려움의 대상이었다. 한 회색 신사가 모모를 포섭하기 위해 던졌던 이야기를 조금 옮겨 보자. 불행히도 이 사원은 모모를 접촉해서 그들의 비밀을 누설했다는 혐의로 처형당하는 최후를 맞게 된다.

"인생에서 중요한 건 딱 한 가지야. 뭔가를 이루고 뭔가 중요한 인물이 되고, 뭔가를 손에 쥐는 거지. 남보다 많은 걸 이룬 사람, 더 중요한 인물이 된 사람, 더 많은 걸 가진 사람한테 다른 모든 것은 저절로 주어지는 거야. 이를테면 우정, 사랑, 명예 따위가 그렇지. 자, 넌 친구들을 사랑한다고 했지? 우리 한번 냉정하게 검토해 보자."

그러나 그 신사는 모모의 다음 한마디에 움찔해서 기가 꺾이고 결국은 자신의 정체를 고백하게 된다.

"아무도 아저씨를 사랑하지 않죠?"

사람들이 더욱 바빠지고 점점 자신의 삶과 사랑하는 이들을 돌볼 수가 없게 되고 급기야 자투리 시간조차 어떤 목적을 위해 사용하려 각박해지면, 이러한 세태가 강화될수록 반대로 이득을 얻고 권력을 얻는 이들이 존재한다는 작가의 통찰이 묻어나는 작품이라고 평하고 싶다.

시간은 결코 관리될 수 없다. 내 개인적인 주장이 아니고 시계시간 관리의 바이블로 잘 알려진 이른바 《성공하는 사람들의 7가지 습관 *The Seven Habits of Highly Effective People*》의 저자 스티븐 코비Stephen R. Covey의 주장이다. 아인슈타인Albert Einstein도 시간이란 사건들의 연속이고 우리는 그 연속적인 사건의 시작과 끝을 측정하는 방법을 정한 것뿐이라고 했다. 결론적으로 관리되는 것은 사건이고 행태이고 선택이다. 결코 시간은 저축할 수도 없고 대출할 수도 없고 빌려줄 수도 없다. 시간을 관리의 객체로 인식한다는 것은 과거의 패러다임이다. 그럼 무엇이 우리의 사건과 행태와 선택을 좌우하는 새로운 패러다임이어야 할까. 이것이 4장의 주제다.

사실은 누군가에게 한국시리즈 3차전 티켓을 받은 형님이, 경기 당일 내게 전화를 주어서 주변에 함께 갈 사람이 있으면 간만에 좋은 시간을 가지라고 하신 것이 사건의 발단이었다. 형님은 하루하루가 스케줄로 빡빡하신 대기업의 임원이시고, 나도 그날은 외부 회의가 하나 잡혀 있어서 "다른 분 드리세요"라고 하려다가, "형님, 그럼 간만에 우리 둘이 야구장 가서 일일랑 다 잊고 좀 놀다 옵시다"라고 제안했고, 잠시 고민하시던 형님이 아내와 아이들을 떼놓고 형제끼리 소풍 가는 심정으로 다녀오자는 데 오케이하셨다. 경기 중간에 좀 늦게 들어가는 일이 있더라도 함께 다녀오는 데에 의미를 두자는 것이었다.

경기장 복도에서 컵라면으로 저녁을 때우고 어묵 꼬치와 떡볶이도 사먹으면서 간만에 어린아이의 심정으로 야구 경기를 즐겼다. 자리도 만석이어서 계단에 은박돗자리를 깔고 관람한 것도 좋은 추억이 되었다. 아내는 다 늙은 남자끼리 재미없지 않았냐고 놀렸지만 나와 형님에게는 그 가을 최고의 일탈이었다. 내겐 2009년 한국시리즈에서 타이거즈가 12년 만에 극적으로 우승한 사건보다 형님과 경인고속도로를 오가면서 우의를 나누었던 사건이 더 오래 기억될 것이다.

시간이 있다고 아무나 만나지 않는다

●○● 나는 이른바 모태신앙인이다. 어머니께서 시집오시면서 작은아버지 한 분과 장손 되시는 사촌 큰형님을 신앙생활로 인도했는데 그 두 분은 지금 모두 장로님이시다. 어머니도 지난 2006년 겨울에 은퇴하신 권사다. 어머니는 내가 돌잡이 시절부터 하루 세 번 출석해야 하는 여름 성경 학교에 개근했다고 증언하신다. 사실 어머니가 데리고 가신 것일 텐데 늘 의미를 그렇게 부여해 주시니 감사한 마음으로 그러려니 한다. 사실 내가 전인격을 걸고 예수 그리스도를 제대로 만난 때는 대학 시절이었지만, 주일을 온전히 보내는 습관이 몸에 밴 것은 그간의 오랜 교회 생활 덕분이다. 교회 생활에도 짬밥이 있다고나 할까.

대학 시절 때도 어느 해에는 청년회 회장과 지역 노회 연합회 부회장, 선교 단체의 캠퍼스 총무를 겹쳐 맡는 바람에, 주중 주말을 무론하고 팽팽 일정이 돌아가던 적이 있었는데, 최근 가장 빡세게 주일 봉사를 감당했던 시기는 2007년에서 2008년 사이라고 기억된다. 일명 죽음의 레이스라고 불리기도 했던 나의 주일 일과를 돌아보니 나도 꽤 독한 놈이었다.

아침 8시에 집을 나서면 8시 20분쯤 교회에 도착해서 1부 예배 성가대를 준비시키고 예배 성가를 지휘하는 역할로 주일이 시작된다. 1부 예배 후에도 성가연습이 이어지고 2부 예배에서는 찬양 팀과 밴드를 준비시켜서 예배 찬양을 인도하는 역할을 맡았다. 2부 예배를 마치면 점심 식사 후 남자 집사님들과 함께하는 설거지 봉사가 1시 정도까지 있는데, 제직회나 남선교회 월례회가 겹치기도 한다. 1시 30분에는 내가 맡은 목장 모임에서 성경 공부를 이끌었고, 때론 새신자와 일대일 성경 공부를 하는 시간이기도 했다. 2시 30분에는 찬양 예배 준비 모임이 있고 3시 찬양 예배에서는 찬양을 인도하거나 밴드를 이끄는 역할로 예배를 섬겼다. 4시 이후엔 제자 훈련반에서 함께 타 교회 탐방을 가거나 남선교회 회원들을 심방하는 교회 바깥 일정이 기다리고, 6시 넘어서 집에 들어오면 아내가 속한 어린이부 선생님들과 전도사님이 거실을 점거한 풍경이 펼쳐진다. 헥헥.

2부 예배 지휘자 선생님이 해외 연수 등으로 자리를 비울 때에는 2부 예배 지휘까지 맡았던 날도 있었다. 2008년 1년간은 수요 예배의 찬양 인도까지 도왔지만, 사실 그때는 교회의 시스템이 확장되던 과도기여서 1인 다역이 불가피했던 때였고, 지금은 1부 예배 지휘자 선생님도 따로 세울 수 있게 되어 난 성가대원으로만 봉사하고 있다. 오후 찬양 예배도 다른 집사님 두 분이 인도자로 세워져서 한 달 단위로 돌아가며 책임을 맡고 있다. 설거지도 당번제가 되어서 매주 봉사하지 않아도 된다. 전임 전도사님도 오셔서 주중 찬양 인도는 전도사님들 몫이 되었다.

이 일과 중 대부분은 내가 책임을 맡았거나 조직의 일원으로서 감당해야 될 역할로 말미암은 것이지만, 특별히 한 가지 자청했던 일과는 오후 1시 30분부터 가졌던 목장 성경 공부였다. 보통 구역이나 속회, 요새 명칭으로 목장이나 가정 교회는 주중에 모이는 것이 일반이지만, 주일에 모이는 이 목장의 구성은 조금 특별했고 교회 차원에서 따로 구성해 준 모임도 아니었다. 이른바 '노청'老青이라는 모순 형용으로 불리던 20대 후반에서 30대 중반까지의 싱글 남녀 직장인들이 모이는 성경 공부 시간이었다. 나는 이들을 '미혼 장년'이라고 호칭을 바꾸어 부르기도 했다. 이 목장 모임을 준비하고 진행하면서 가졌던 문제의식은, 조만간 교회의 중추적인 역할을 맡게 될 이들임에도 불구하고 청년부에도 장년부에도 속하지 않은 채 신앙적인 훈련이나 공동체적인 교제를 경험하는 것으로부터 본의 아니게 소외되어 있다는 사실이었다.

하지만 주변에서는 시간적으로 무리라고 말리는 분위기였다. 그러나 무리인 걸 알면서도 내가 그 역할을 자청했던 이유는 따로 있었다. 이 목장에 함께하는 후배들은 알고 보면 그들이 주일학교 어린이 또는 중고등부 학생이었을 때, 우리 부부가 연인 사이가 아니었던 먼 옛날(?)부터 함께 가르친 제자들이었다. 지금도 날 집사님이라고 부르지 않고 선생님이라고 부르는 것을 더 편안해하는 친구들이다. 세월이 흘러 우리는 부부가 되었고 그들도 장성한 성인이 되었건만, 적절한 소속과 모임을 찾지 못해 영적인 풍성함을 맛보지 못하고 있는 제자들을 보면서, 한때 선생님으로서 일말의 책임감이 발동한 것이었다. 그래서인지 아내도 나서서 말리지는 못했다. 앞날을 알지 못하는 가운데서 후배들과 뜻을 모아 자발적으로 시작한 모임이었지만 꾸준한 모임이 계속되자 결혼한 신혼부부들도 이 모임을 찾아오고 성경 공부를 인도할 중간 지도자도 세우게 되었다. 교회의 공식 수첩에도 특별 목장으로 올라가게 되었고 조만간 교역자 한 분이 모임을 돌보는 목양적 역할을 맡아 주시기로 하였다. 크지 않은 지역 교회마다 이 특별한 세대를 위한 알찬 모임이 더 많이 제공되기를 바랄 뿐이다.

이렇게 빡빡한 시간을 쪼개고 따로 별러서라도 만나고 싶은 이들이 있는 반면, 넉넉한 시간이 있다손 치더라도 약속을 잡기 부담스러운 이들이 있기 마련이다. 대표적으로는 생명보험설계사 친구들이다. 혹 독자 중에 같은 직업을 가지신 분들은 오해 없으시길 바란다. 내 주변에만 해도 가끔씩 전화가 오는 보험설계사가 여덟 명이

나 있다. 두 분은 선배, 두 사람은 친구, 한 사람은 교회 후배, 한 사람은 성가대원, 한 사람은 사촌 동생, 또 한 사람은 친한 친구의 소개로 알게 된 설계사. 청에 못 이겨 약속을 잡아 만나기는 했지만 만남 이후에는 늘 마음 한구석이 조금 불편했다. 이야기는 언제나 일상의 대화로 시작해서 깔대기처럼 인생살이의 위험을 안전하게 대비하려면 가장의 지혜롭고 사랑 어린 선택이 필요하다는 쪽으로 흐르고, 아슬아슬하게 이 대화를 피해서 마무리하려는 나의 입장은 늘 힘들기 마련이었다.

또 한 그룹이 있다면 다단계 판매 업계에서 열정을 가지고 활동하는 분들이다. 역시 독자 중에 이 직업을 가지신 분들께는 미리 양해 말씀을 드린다. 이분들은 한때 너무도 열정적이고 간절하여서 나조차 그분들의 모임에 끌려간 적이 있었다. 밥 살 테니 한 시간만 강연을 좀 들어보라는 선배의 간청을 뿌리치기가 힘들었다. 들어보니 가히 어느 부흥 전도 집회를 방불케 하는 유통 혁신 전도사들의 불을 뿜는 강연이었다. 하지만 나는 늘 한 가지 질문으로 이분들의 진실성을 가늠하곤 한다. "이런 방법으로 얻을 수 있는 수입보다 훨씬 더 많은 돈을 보장해 주는 직장을 구하신다 하더라도 이 일을 이렇게 열정적으로 계속하실 건가요? 아님 쉬엄쉬엄하시거나 그만 두실 건가요?"

또 한 그룹이 있다면 길에서 갑자기 친한 척하며 '길'道에 대한 관심을 물어보는 분들이다. 나야 언제나 짧은 대화의 시간도 아까워서 급히 사양하고 갈 길을 가곤 하지만, 굳이 끝까지 붙잡고 늘어지시는 분들에게 이렇게 대답한다. "저는 도道 중에는 제자도와 그리스도에 깊은 관심이 있고요. 기氣 중에는 창세기나 신명기의 가르침을 성실히 따르고 있습니다. 이런 도와 기에 혹시 관심 있으십니까?"

그래서 늘 나는 역지사지의 입장에서 생각한다. 내가 만남을 청하고 약속을 잡는 상대방이 나와의 만남을 어떻게 인식할까. 없는 시간을 내서라도 대화하고 머리를 맞대고 함께 일하기를 원할까 아니면 시간이 넉넉해도 이리 둘러대고 저리 둘러대며 차일피일 나를 피할까를 가늠하게 된다. 결국 우리에게 시간이란 그 양이 넉넉하여도 질적인 중요성을 담보하지 못한 사건에는 그 시간을 나눌 수 없는 것이고, 넉넉하지 못한 상황에서도 꼭 필요한 일과 사람들을 위해서는 잠을 줄여서라도, 약간의 희생을 치러서라도, 다소의 비난을 감수하고라도 그 기회에 참여하게 된다. 내 주변의 관계 가운데 나를 두근거리게 만들어서 없는 시간을 내게 만드는 이가 있다면 그 관계야말로 사건시간을 관리하는 주요한 기준이자 변수일 것이다. 이제 그 기준과 변수들에 대한 이야기로 넘어가 보자.

CHAPTER 04 RELATION-CENTERED PARADIGM

축적된 기록을 정렬하는 축

– 삶을 바라보는 두 종류의 창

●○● 축적된 기록에는 모종의 힘이 있다는 이야기를 앞서 여러 번 강조했고, 진정 그 기록이 힘을 발휘하기 위해서는 사건들과 기록들이 정렬되는 축을 가져야 한다는 설명도 덧붙였었다. 이제는 그 축에 대해 조금 자세히 다루어 보려고 한다.

이를 테면 큐티 노트는 내가 따르고 순종해야 할 절대자와의 관계 속에서 깨닫고 새기고 씨름한 사건들이 정렬된 기록이다. 그리고 낯간지러웠던 내 연애 노트는 내가 아끼고 사랑하는 한 여성과의 관계 속에서 일어난 사건과 사연들이 정렬된 기록이다. 여기서 우리는 두 가지 관계의 축을 발견하게 된다. 하나는 하나님과의 관계이며 또 하나는 사랑하는 이와의 관계이다. 하나님과의 관계가 내 내면의 문제와 깊숙이 맞닿아 있는 영역이라면, 사랑하는 이와의 관계는 연인이나 부부뿐 아니라 부모 자녀 형제 관계로 확장되고 나아가 신앙 공동체에 속한 영적인 가족들과의 관계까지 적용이 가능하다. 나는 이것을 통틀어 이웃과의 관계라고 이름 붙이고자 한다.

한편, 목회자도 아니면서 숨 돌릴 틈 없이 지냈던 주일 일과를 성실하게 감당할 수 있도록 시계시간을 챙기는 일이라든지, 초등학생이든 다 큰 어른이든 간에 매일 빠짐없이 이를 닦고 꼭꼭 씹어 밥을 먹으면서 치아 건강과 기초 체력을 유지하도록 노력을 기울이는 일이라든지, 내게 있어 문화적 소양을 더 계발하기 위해 경험을 쌓고 재능을 갈고 닦아서 PD로서의 일을 감당했던 것이라든지, 정서 함양과 스트레스 해소를 위해 독서를 하거나 영화를 보거나 야구 경기를 보거나 여행을 떠나는 일이라든지, 필요한 지식을 습득하고 서투른 부분을 보충하기 위한 훈련에 참여하는 일들은 모두 내가 가진 무형의 자원들과의 관계, 즉 자신과의 관계로 해석이 가능하다.

마지막으로, 학생에게 주어진 본분으로서 학업이나, 직장인에게 직업적 소명으로서 부과되는 업무, 재물을 벌고 모으고 지출하는 행위, 공동체에서 대가 없이 맡게 된 역할과 책임 등은 사회적 책임을 지닌 존재로서 나에게 세상이 마땅히 요청하는 것들이며 이것을 나는 세상과의 관계라고 일컬으려 한다.

이렇게 네 가지 관계로 내 삶을 재구성하면 결국 내 삶에서 일어나는 모든 사건들은 이 네 개의 축 상에 존재하게 된다. 그리고 그것을 기록으로 남기기 원한다면 그 축을 기준 삼아 정렬할 수도 있다.

그러나 대부분의 경우 나의 일상의 사건 기록을 담아내는 일기장이나 다이어리들은 우리의 삶을 바라보는 단일 패러다임을 강요하고 있다. 그것은 1) 하루 2) 일주일 3) 한달 4) 일년 단위로 확장되어 가는 시계시간의 패러다임이다. 과거를 기록하든 미래를 계획하든 이 구조는 부동의 권위를 가지고 있었다. 마치 '돌과 물'이라는 동요 속에서 모래알과 도랑물은 하루하루의 삶인 것처럼 바윗돌과 바닷물은 1년 전체의 삶인 것처럼 말이다. 결국 우리는 시계시간의 프레임, 즉 양적인 시간의 창으로 우리의 삶을 바라볼 수밖에 없도록 시계와 달력과 다이어리를 통해 길들여져 왔던 것이다.

바윗돌 깨뜨려 돌덩이 돌덩이 깨뜨려 돌맹이
돌맹이 깨뜨려 자갈돌 자갈돌 깨뜨려 모래알
랄라랄라라 랄랄라 랄라랄라라 랄랄라

도랑물 모여서 개울물 개울물 모여서 시냇물
시냇물 모여서 큰강물 큰강물 모여서 바닷물
랄라랄라라 랄랄라 랄라랄라라 랄랄라

그러나 우리의 삶을 좀 더 인격적으로 파악하려 한다면 다음과 같은 새로운 패러다임을 발견할 수 있다. 이 역시 확장되어 가는 순으로 나열한다면 1) 한 개인의 내면 2) 개인의 자아와 일상 3) 가족과 이웃 4) 소속한 조직과 더 큰 세상으로 정돈할 수 있다. 당연히 그리스도인들에게는 이 네 가지 인격적인 영역이 앞서 제시한 네 가지 관계로 재구성될 수 있다. 나는 이 관계의 축에서 바라보는 우리의 삶이 사건시간의 프레임, 즉 질적인 시간의 창이라고 깨닫게 되었다.

사서삼경四書三經 중《대학 大學》에 '수신제가치국평천하'修身齊家治國平天下라는 구절이 있다. 좁게는 '안에서 새는 바가지 밖에서도 샌다'는 의미로, 자신부터 잘 돌아보라는 가르침일 수도 있지만, 큰 단위의 영향력을 미치는 리더십이 되려면 작은 단위에서부터 그 역할을 시작해야 한다는 뜻으로 주로 소개된다.

하지만 이 구절에 앞서 동반되는 가르침을 기억하는 이들은 드물다. '격물치지'格物致知 '성의정심'誠意正心이 바로 그것이다. 이 가르침을 넣어서 마저 완성해 보면 그 폭도 넓어지고 깊이도 더해진다. 격물格物(사물을 헤아리고) – 치지致知(앎의 경지에 이르러) – 성의誠意(뜻을 정성스럽게 하여) – 정심正心(마음을 바르게 한 후에) – 수신修身(자신을 수련하고) – 제가齊家(집안을 가지런히 하고) – 치국治國(나라를 다스리고) – 평천하平天下(세상을 화평케 한다)

어찌 보면 이 가르침 속에는 지식과 지혜는 물론 내면과 자아와 가족과 이웃과 세상을 바라보는 선현들의 통찰이 공존하는 듯하다. 그렇지만 나는 이 통찰에 성경적 가치 하나를 더한다면 온전한 프레임이 되리라고 확신한다. 그것은 성경의 영원한 주제인 사랑이다. 하나님을 사랑하고, 자신을 사랑하고, 가족과 이웃을 사랑하되 서로 사랑하고, 하나님의 마음으로 세상을 사랑하는 사랑의 프레임이다. 삶의 네 가지 영역이자 네 가지 관계는 이 사랑의 프레임을 떠나서는 사건과 기록을 정렬하는 축으로 삼아 봤자 아무 의미가 없다. 그래서인지 사랑을 주제로 한 성경 말씀들이 많은 이들이 암송할 정도로 널리 잘 알려진 것은 너무도 당연한 일인 듯싶다.

> 예수께서 대답하시되 첫째는 이것이니 이스라엘아 들으라 주 곧 우리 하나님은 유일한 주시라 네 마음을 다하고 목숨을 다하고 뜻을 다하고 힘을 다하여 주 너의 하나님을 사랑하라 하신 것이요 둘째는 이것이니 네 이웃을 자신과 같이 사랑하라 하신 것이라 이에서 더 큰 계명이 없느니라 (막 12:29~31)

> 새 계명을 너희에게 주노니 서로 사랑하라 내가 너희를 사랑한 것 같이 너희도 서로 사랑하라 너희가 서로 사랑하면 이로써 모든 사람이 너희가 내 제자인줄 알리라 (요 13:34~35)

하나님이 세상을 이처럼 사랑하사 독생자를 주셨으니 이는 그를 믿는 자마다 멸망하지 않고 영생을 얻게 하려 하심이라 하나님이 그 아들을 세상에 보내신 것은 세상을 심판하려 하심이 아니요 그로 말미암아 세상이 구원을 받게 하려 하심이라 (요 3:16~17)

그런즉 믿음, 소망, 사랑 이 세 가지는 항상 있을 것인데 그 중의 제일은 사랑이라 (고전 13:13)

삶의 다섯 가지 목적과 네 가지 관계

●○● 기독교 신앙을 가진 이들에게든 그렇지 않은 이들에게든 모두에게 명실상부하게 알려진 최근의 베스트셀러를 꼽으라면, 스티븐 코비의 《성공하는 사람들의 7가지 습관》과 릭 워렌Rick Warren 목사의 《목적이 이끄는 삶 The Purpose Driven Life》이라 하겠다. 비단 한국에서뿐 아니라 세계적으로 이 두 책의 영향력은 참으로 지대했고 지금도 많은 이들이 삶의 태도와 방향을 바람직한 길로 변화시키는 선한 역할을 하고 있다.

흥미로운 사실은 《성공하는 사람들의 7가지 습관》이 가진 유명세 때문에 그 즈음부터 많은 책들의 제목이 '○○을 위한 □□가지 △△'라는 식으로 따라 하는 경우도 많았다는 점이다. 그리고 《목적이 이끄는 삶》도 마찬가지였다. 이후 '○○이 이끄는 □□' 류의 책과 강연 제목을 여기저기서 볼 수 있었다. 이 세태를 충실히 반영하자면 이 책의 제목 역시 '사랑하는 사람들의 네 가지 관계' 또는 '관계가 이끄는 삶'이 되었어야 했다. 그러나 독자들이 이미 간파하고 있을지 모르겠지만, 이 책의 내용에는 감히 두 베스트셀러가 전하고 있는 메시지에 딴죽을 거는 생각들이 곳곳에 담겨 있다. 이곳도 그 중 하나다.

《목적이 이끄는 삶》에서 릭 워렌 목사는 우리 인생의 목적을 다섯 가지 범주로 소개하고 있다. 만약 일곱 가지 습관 류의 제목을 붙일 수 있다면 그 책 제목은 '인생을 이끄는 다섯 가지 목적'이 되었을 듯하다. 하지만 '목적이 이끄는'Purpose Driven이라는 수식어가 가진 강력하고도 매력적인 메시지로 인해 《새들백교회 이야기: 목적이 이끄는 교회 *The Purpose Driven Church*》라는 후속 저작은 물론, '목적이 이끄는 회사를 이끌어라'라는 기고문이라든지 심지어는 '목적이 이끄는 치과' 등의 상호도 생겨나게 되었다. 어쨌든 그 책에서 강조한 다섯 가지 목적이라는 단순하고도 분명한 메시지 덕분에, 한때 명목상의 신앙을 가졌던 일명 '무늬만 크리스천'들에게 하나님 중심의 삶을 살도록 도전하는 놀라운 계기를 제공해 왔다. 그 내용들을 넉넉지 않은 지면에서 충실히 전하는 것은 무리겠지만 여기서 그 다섯 가지 목적을 간단히 요약하자면 이렇다.

우리는 하나님의 기쁨을 위해 계획되었기에 '예배'가 우리 인생의 목적이며, 우리는 하나님의 가족으로 태어났기에 '교제' 역시 우리 인생의 목적이라고 전한다. 이어지는 메시지에 따르면 우리는 그리스도를 닮도록 창조되었기에 '훈련'이 우리 인생의 목적임과 동시에, 우리는 하나님을 섬기기 위해 지금의 모습으로 지음 받았기에 '사역'이 또 하나의 우리 인생의 목적이 된다. 마지막으로 우리는 사명을 위해 지음 받았고 그 사명은 '복음 전도'라는 목적을 우리 삶에 던져준다고 설명한다.

성경의 가르침은 보편적이기에 이 다섯 가지 목적은 이곳 4장에서 다루고 있는 사건시간 관리의 축, 즉 기록을 축적하는 기준으로서 소개한 네 가지 관계의 창으로도 해석할 수 있다. 말하자면, 하나님과의 관계는 '예배'라는 목적으로, 자신과의 관계는 '훈련'이라는 목적으로, 이웃과의 관계는 '교제'라는 목적으로, 세상과의 관계는 '사역'이라는 목적으로 연결시킬 수 있겠다. 나아가 '복음 전도'라는 총체적인 사명은 이 네 가지 관계를 따로 떼어 내어 생각할 수 없기에 우리 삶 중심에 놓인 목적으로 인식하면 더욱 어울릴 듯하다. 이

설명에 따라 삶의 다섯 가지 목적을 앞서 소개한 삶의 네 가지 관계 도표에 추가해서 나타내면 옆 페이지 아래쪽 그림과 같다.

이렇게 다섯 가지 목적과 네 가지 관계를 짝지어서 펼쳐 보니 나름 잘 어울리는 것 같아서 내가 마치 릭 워렌 목사처럼 훌륭한 통찰력을 지닌 사람인 양 흡족해 했던 적도 있었다. 하지만 얼마 안 가서 이 네 가지 관계가 모종의 목적을 위한 일종의 도구처럼 인식되어서도 안 되고, 나아가 관계 자체가 목적이 되어서도 안 된다는 사실을 깨닫게 되었다. 관계중심의 삶은 아름답지만 그 관계 자체가 또 하나의 목적이 되는 순간, 자칫하면 관계를 유지하기 위한 행위들을 모두 정당화하는 식의 맹목으로 왜곡될 수 있기 때문이다. 말하자면 관계를 위해 무언가를 '행'해야만 하는 목적 지향의 강박은 도리어 관계의 진실성을 훼손하기 때문이다.

앞서 유년기의 사건시간이라는 글에서 나의 어릴 때 기억을 통해 소개한 것처럼, 학교 다닐 때 "다녀오겠습니다" 대신 하던 내 아침인사는 "주 안에서"였다. 언짢은 일이 있을 때도 "주 안에서"라는 인사를 드리고 나오는 순간 마음과 정신을 가다듬을 수 있었고 어머니와 불편한 일이 있을 때도 그 말 덕에 얼른 풀어질 때가 많았다는 고백을 했었다. 삶을 구성하는 네 가지 관계를 정돈하면서 곰곰이 묵상했던 말도 바로 이 '주 안에서'이다. '주를 위해', '주와 함께', '주를 향해' 등등의 말이 있을 수 있지만 '주 안에서' 만큼 강력하고 넓은 개념은 없을 듯하다.

누가복음 15장에 소개되는 돌아온 탕자의 비유도 조금 다른 관점에서 바라볼 수 있다. 혹 집을 나간 둘째 아들이 방탕하지도 않고 가산을 소진하지도 않고, 도리어 성실하게 외국에서 성공해서 잘 살았다면 아버지는 그 소식을 들으며 마음 놓고 둘째를 기다리지 않으셨을까? 아니다. 흥하던 망하던 아버지는 아들을 동구 밖에서 기다리고 계셨을 것이다. 이 비유에서 진정 중요한 것은 아들이 아비의 품을 떠났다가 돌아온 것이지 그가 실패했다가 재기한 것이 아니기 때문이다.

하나님을 위해 일하는(사는) 것과, 하나님 안에서 일하는(사는) 것에는 생각보다 큰 차이가 있다. 그 차이가 명료하게 나타나는 지점은 목적이 선하다고 과정과 수단을 타협하는 경우이다. 쉬운 예로, 개인적인 차원에서 예배 시간 늦지 않겠다고 불법 유턴을 한다든지, 사회적인 차원에서 기독교 기업이 흑자 경영을 통해 사회 공헌을 하기 위해 비정규직 노동자들을 앞장서서 해고하는 경우라 하겠다. 그러나 하나님 안의 삶이냐 아니냐를 구분할 때는 과정과 수단이야말로 중요한 시금석이다. 혹자는 이런 타협하는 경우들만 뺀다면 무슨 심각한 차이가 있느냐고 반문할 수 있겠지만, 무언가 중요한 가치를 획득하기 위한 삶의 태도와 그 가치를 맛보아 알고 누리며 사는 삶의 태도에는 큰 차이가 있기 때문이다. 그래서 '목적이 이끄는 삶'이 시사하는 바, 서구적 스타일(더 정확하게는 미국적 스타일)의 목적 지향의 삶에서 한발 비끼어 서서, 보다 정적이고 동양적인 가치로 더 합당하게 느껴지는 '의미가 충만한 삶'을 누리고 싶다는 생각을 하게 되었다. 이미 사랑 안에서 사랑을 누리며 사는 사람은 사랑을 획득하기 위해 골몰하며 시간과 정력을 낭비할 필요가 없지 않은가?

주 예수 그리스도 안에서 종 된, 또 사도된 바울이 그토록 반복적으로 강조했던 말, 그리고 내가 철없던 시절 반복하며 지냈던 말 '주 안에서'를 또 한번 되새겨 보고 싶다. 어쩌면 이 부분은 언제나 무언가를 위해 달음질쳤던 내 과거에 대한 뉘우침이기도 하다. 하나님이 주신 사명을 이루기 위해 애쓰며 사는 삶도 아름답지만, 이제는 하나님 나라 안으로 들어가서 그 안에 거하기 때문에 자연스레 그 나라와 의를 이루게 되는 삶이 더 귀하다고 우기고 싶다. 다른 이가 아닌 예수 그리스도께서 우리를 그렇게 초청하시고 계시다.

> 내 안에 거하라 나도 너희 안에 거하리라 가지가 포도나무에 붙어 있지 아니하면 스스로 열매를 맺을 수 없음 같이 너희도 내 안에 있지 아니하면 그러하리라 나는 포도나무요 너희는 가지라 그가 내 안에 내가 그 안에 있으면 이 사람이 열매를 많이 맺나니 나를 떠나서는 너희가 아무 것도 할 수 없음이라 (요 15:4~5)

"우리의 삶은 유한한가?"
– 영원한 관계에 투자하기

●○● 2006년 초, 4년간의 미국 생활을 마치고 귀국하기 직전에 작지만 아주 특별한 모임에 초대되었던 적이 있다. 지극히 사랑하던 남편을 급성 암으로 갑자기 먼저 하늘나라로 떠나보내신 젊은 집사님을 위로하기 위한 자리였다. 아무래도 인생의 후배로, 그리고 아직 배우자와 사별은커녕 오랜 시간 떨어져 보지도 않은 사람으로서, 게다가 남성으로서 그 자리에 함께한다는 것이 부담스럽고 어려웠다. 그렇지만 자리를 주선하신 존경하는 선교사님께서 친형제처럼 여기시는 부부셨고 나도 몇 번 식사 초대를 받아 함께 예배하고 교제하는 따뜻한 시간을 가진 적이 있었기 때문에 거

절할 수 없었다.

얼마나 서로 사랑했던 부부였는지, 얼마나 자상했던 남편이자 아버지였는지, 그리고 얼마나 좋은 친구이자 신앙의 동지였는지 그분의 삶을 회상하고 축복하며 위로하는 이야기가 이어졌다. 또 먼저 가신 분의 뜻을 어떻게 기념하고 어떻게 힘을 내어 살아갈까, 고등학생이 된 아들들의 미래를 어떻게 인도할까 등등 사뭇 진지한 이야기를 하다가, 너무 이야기가 무거워졌던지 분위기를 바꾸어서 그분의 남편이 먼저 가있을 천국은 어떤 곳일지에 대해 즐거운 상상을 나누는 시간을 가지게 되었다.

슬픔과 고통이 없고 영원한 기쁨과 찬송만 있는 곳이라는 전통적인 천국관과 그 기쁨이란 어떤 것일지 이런저런 상상을 나누시더니 내게 마이크를 넘기셨다. 나로선 솔직히 죽음과 사후 세계에 대해서 깊이 연구하거나 묵상한 일은 없어서 좀 머뭇거리다가 내가 가진 그 나라에 대한 설익은 생각을 나누고야 말았다. 그 생각이란 이런 것이었다.

"전 사실 아주 환상적인 곳이라고 생각하지는 않아요. 그리고 180도 완전히 새로운 곳이라고도 생각지 않구요. 음……. 그러니까 우리가 일상에서 느꼈던 기쁨과 행복이 여전히 존재할 수도 있고 나아가 한 단계 업그레이드되어서 누릴 수 있는 곳이리라고 기대해요. 이를테면, 어느 날 예수님께서 휴대폰으로 제게 전화를 거셔서 '병구야, 애들 데리고 요 앞 분식집으로 나와라 내가 오늘 떡볶이 쏠게. 네가 지은 노래 한 곡 뽑고 가렴.' 이렇게 초대하시면, 떡볶이, 순대, 튀김 같은 걸 주님과 실컷 먹고 수다 떠는 거죠. '친구야, 보고 싶다'처럼 죽마고우들 불러내서 2차로 자리 옮겨서 노래도 함께 부르고 아내들 흉도 보다가 어렵게만 느껴지던 성경 난해 구절 하나 뽑아서 저자 직강으로 풀어 주십사 부탁도 드리고, 그래도 아쉬우면 예수님과 볼링도 한 게임 치고 돌아오는 상상을 해봤어요. 아마 주말에는 예수님께서 그간 형편이 어려워 엄두를 못 내시던 분들을 다 모시고 부부 동반으로 온천도 가고 스키장도 가고 맛난 것도 함께 하시지 않을까요? 하하."

내 이야기를 들으시던 그분의 눈가에 슬며시 미소가 찾아 왔다. 그리고 이내 환하게 웃으셨다. 난 모임을 마치고 헤어지면서 내 어설픈 유머가 그분의 기분을 환기시켰나보다 생각하며 내심 다행이라는 생각을 하고 있었는데, 얼마 후 책 한 권과 함께 그분께 따로 연락을 받았다. 그 책은 하나의 문집으로, 돌아가신 남편 분의 각종 자취와 서로 주고받으신 편지, 병상에 계실 때 친구들이 온라인 커뮤니티에 올린 응원과 격려의 글들을 모은 것으로, 본문만 300쪽이 넘는 분량이었다. 이 책의 개념을 빌어 말하자면 남편 분을 향한 축적된 기록으로서는 만점이었다. 그리고 그 책에는 '형제님의 말씀을 듣고 하늘나라에서 남편을 다시 만나 이 땅에서보다 더 사랑하며 행복하게 지낼 수 있다는 소망을 가졌습니다. 잠시 헤어져 있을 뿐이니 너무 슬퍼하지 않겠습니다. 감사합니다'라고 적혀 있었다.

1년 정도 후에, 서울에서 그분을 다시 뵙고 이야기를 나눌 수 있는 기회가 있었다. 남편 앞으로 나온 보험금의 일부를 어느 선교 단체에 전달하려고 잠시 한국에 방문하신 길이었다. 그분은 부부간의 사랑이 너무 애틋했고 깊었기에 남편 분이 돌아가신 후 이제 그런 풍성한 관계를 누릴 수 없다는 것 때문에 깊이 상심하고 절망했었는데, 내 이야기를 들으면서 부활한 몸으로 남편을 다시 만나 자잘한 부부로서의 행복은 물론이고 예수님께서 새로이 허락하실 신비한 은혜를 함께 누리게 될 것을 소망하게 되었다고 말씀해 주셨다. 그리고 전에는 주저했지만 이제는 남은 일생을 남편이 함께 하기 원했던 선교를 하며 즐겁게 살겠노라고 고백하셨다. 돌아와서 아내에게 이 이야기를 전하면서 우리 부부는 많이 부끄러웠다. 서로에 대한 애틋함에 있어서도 그 두 분께 한참이나 모자랐지만 영원한 나라에서 그보다 더 깊은 사랑의 관계를 소망하고 계신 것이 놀랍고 부러웠다. 아내에게 우리도 분발하자고 청했는데, 이게 사람의 결심으로 되는 것은 아니겠지만 이후로 우리 부부도 한결 더 끈끈해지긴 했다.

물론 예수님께서 부활한 자들은 하늘나라에서 장가가는 것도 시집가는 것도 없으리라고 하신 말씀을 우리는 기억한다. 하지만 이 말씀은 부활이 없다 하는 사두개인들과의 논쟁에서, 부활이든 천사든 초월적인 것은 없다고 우기는 사두개인들의 모순을 지적하기 위해 펼치신 가르침이었다. 나는 하늘나라에서도 내 아내는 아내로, 부모님은 부모님으로, 자녀들은 자녀들로, 친구들은 친구들로, 영원히 온전한 사랑의 관계 가운데 거하게 될 것을 믿는다. 그리고 지금 이곳에서 그 온전한 사랑의 관계에 거하고 있다면 그것이야말로 이 땅에 이루어진 하나님 나라라고 확신한다.

우리는 오래 전부터 삶의 효율보다는 관계가 중요함을, 과업보다는 인격이 중요함을, 성공보다는 나눔이 중요함을, 개인보다는 공동체가 중요함을 귀에 못이 박히도록 들어왔다. 그러나 우리 삶의 자리에서 이 중요한 가치는 뒤바뀌어 있을 때가 많았다. 나는 그 원인을 사람들이 암암리에 우리의 삶이 유한하다고 생각하는 데에서 찾는다.

이 땅에서의 삶이 전부라고 느끼는 이들은 분명 조급할 것이다. 그들에게 삶과 시간은 당연히 유한한 자원이고 그 자원을 더 효율적으로 더 규모 있게 더 생산적으로 관리해야 하는 당위가 존재한다. 그러나 영원한 생명에 대한 믿음이 있는 이들에게는 삶의 조급함은 어쩌면 불신앙이다. 그리고 무엇이 영원할 것인가에 대한 약간의 눈치만 있다면 우리 삶의 스타일은 무척 달라질 것이다. 삼성전자와 현대자동차 주식은 유한한 삶에서 영원한 삶으로 옮겨갈 때 동반되지 않는다. 적립식 펀드와 연금성 보험과도 미련 없이 헤어져야 한다. 그 강을 확실히 건널 수 있는 것은 바로 그곳에서도 유지되고 영속될 것이 확실한 사랑의 관계이다. 특별히 우리의 이웃들에게 베푼 사랑이야말로 영원토록 의롭게 기억되리라는 말씀을 접하게 된다. 우리가 우리 삶을 어디에 투자해야 하는지, 무엇이 남는 장사인지 역시 성경은 오래 전부터 이야기해 주고 있었다.

그가 재물을 흩어 빈궁한 자들에게 주었으니 그의 의가 영구히 있고 그의 뿔이 영광 중에 들리리로다 악인은 이를 보고 한탄하여 이를 갈면서 소멸되리니 악인들의 욕망은 사라지리로다 (시 112:9~10)

지혜 있는 자는 궁창의 빛과 같이 빛날 것이요 많은 사람을 옳은 데로 돌아오게 한 자는 별과 같이 영원토록 빛나리라 (단 12:3)

하나님이 능히 모든 은혜를 너희에게 넘치게 하시나니 이는 너희로 모든 일에 항상 모든 것이 넉넉하여 모든 착한 일을 넘치게 하게 하려 하심이라 기록된 바 그가 흩어 가난한 자들에게 주었으니 그의 의가 영원토록 있느니라 함과 같으니라 (고후 9:8~9)

Rio de Janeiro
New York
London

과업중심 시계시간 관리법 다시 보기

CLOCK TIME MANAGEMENT

Chapter 5

일곱 가지 습관 간단 리뷰

●○● 5장은 제목이 알려 주는 것처럼 시계시간 관리를 위해 따로 별러 놓은 공간이다. 사건시간 관리는커녕 하루하루가 뒤죽박죽이어서 우선 정돈이 필요한 분들에게 짧은 시간 안에 집중적으로 시계시간 관리와 관련해 정돈되고 축적된 정보를 전해 드리려는 배려(?)라고 여겨 주면 된다. 관심 없는 분들은 이 장을 제쳐 놓아도 무방하지만, 웬만하면 재미는 좀 덜하더라도 공부하는 마음으로 짚어 보면 두루 유익할 듯하다.

여기서는 가장 잘 알려진 《성공하는 사람들의 7가지 습관》에 대해 먼저 요약해 드리려 한다. 이 책의 '십대들'과 '아이들' 버전의 표현도 병기해 보았다. 두어 장의 요약글로 그 많은 내용을 전달하는 것은 물론 무리가 되겠지만 이미 그 책을 접하신 분들은 복습 삼아, 아직 접하지 못한 분들은 예습처럼 생각하고 훑어보시라. 단, 이 내용을 독후감이나 요약 리포트로 베껴 가지는 마시기를 부탁드린다.

이 '일곱 가지 습관'은 많은 지성인들의 지혜를 빌어 와서 종합한 작품으로 70년대 후반 박사 과정을 밟던 스티븐 코비가 지난 200년 동안 발표된 성공 문헌들을 조사하면서부터 시작되었다고 알려져 있다. 그는 책의 서두에서 수많은 사상가들의 영감에 감사하고, 세대를 초월한 지혜의 원천을 제공한 이들에게 감사를 표한다. 소개되는 일곱 가지 습관들은 효과적인 자기관리와 대인 관계를 위한 통합적인 접근 방식이기에, 각각의 습관을 뛰어 넘는 것이며 각 습관들이 서로 연결되는 지점에 진정한 열쇠가 있다고 이야기한다. 결과적으로 이 일곱 가지 습관들은 우리를 '의존적 단계'에서 출발하여 '독립적 단계'로 그리고 '상호적 단계'에 이르게 하여 성공적인 한 인간으로 변화하게 한다고 설명한다.

> **습관 1:** 개인적 비전
>
> "주도적이 되라."
>
> "자신의 삶을 주도하라."
>
> "혼자서 스스로 생각해요."

모든 사람은 스스로 결정할 수 있는 힘이 있다. 자신의 가치관에 따라 자신의 반응을 선택하는 데 이 힘을 사용한다면 그는 주도적인 사람이다. 즉, 주도적인 사람들은 그들의 가치가 가장 잘 적용될 수 있도록 자유롭게 선택한다. 자신이 영향력을 행사할 수 있는 것에 에너지를 집중함으로써 신뢰도를 높이고, 결과적으로 영향력을 더욱 넓혀 나간다.

> **습관 2:** 셀프 리더십
>
> "목표를 확립하고 행동하라."
>
> "끝을 생각하며 시작하라."
>
> "일을 할 때는 처음부터 끝까지 계획을 세워요."

효과적으로 일하는 사람은 자신의 미래를 만들어 나간다. 그는 인생의 모든 영역에서 목표를 확립하고 실천함으로써 유익을 얻는다. 다른 사람들이나 상황이 그의 미래를 좌우하게 하는 대신에 그는 자신이 어떤 사람이 되고자 하는지, 무엇을 하고자 하는지, 무엇을 얻고자 하는지를 면밀히 계획하고, 그 계획에 따라 결정을 내린다.

> **습관 3:** 자기관리
>
> "소중한 것부터 먼저 하라."
>
> "할 일과 안 할 일을 구별하라."
>
> "중요한 일을 먼저 해요."

무엇이 소중한 일들인가? 소중한 일들이란 우리가 개인적으로 가장 가치 있게 여기는 일들이다. 중요한 일들이 우리를 올바른 방향으로 인도해 준다. 자신의 사명선언서에 써넣은 원칙 중심의 목적을 달성하는 데 도움이 되는 것이야말로 중요하고 소중한 일이다. (이 부분에 대해서는 이후의 글에서 긴급한 일과 중요한 일로 나누어 따로 길게 설명하는 기회를 가질 것이다.)

> **습관 4: 대인관계**
>
> "상호이익을 모색하라."
>
> "윈-윈win-win 을 생각하라."
>
> "나에게도 좋고 다른 사람에게도 좋은 방법을 찾아요."

윈-윈의 사고는 모든 인간관계에서 상호 이익을 추구하는 정신적 틀이다. 윈-윈은 합의나 해결 방안이 서로에게 만족스러운 것이기 때문에 모두가 이기는 것을 의미한다. 윈-윈을 추구하는 사람은 성실성, 성숙성, 풍요의 심리를 가지고 있다. 성실한 이는 감정, 가치관, 약속 등에 대해 충실하다. 성숙한 이는 타인의 아이디어와 감정에 대해 배려하면서도 단호하게 말한다. 풍요의 심리를 가지고 있는 이는 모든 이들과 나눌 것이 많다고 믿는다.

습관 5: 공감적 대화

"경청한 다음에 이해시켜라."

"먼저 이해하고 다음에 이해시켜라."

"먼저 다른 사람을 이해하려고 노력해요."

우리가 이해하려는 태도로 듣는다면 대화는 더욱 효과적이다. 우리는 자신의 패러다임을 통해 사물을 가려내는 일을 그만두어야 한다. 다른 사람들의 삶을 자기 삶의 틀로 읽는 것을 그만두고 그들이 전달하려고 하는 것에 주의를 기울일 때, 공감하며 경청하게 된다. 그들을 이해시키기 위해서는 용기와 기술이 필요하다. 마음을 열고 진실한 감정을 나타낼 수 있는 용기는 물론 자신의 관점을 분명하고 정확하게 나타낼 수 있는 기술도 지니고 있어야 한다.

습관 6: 창조적 협력

"시너지를 활용하라."

"시너지를 내라."

"서로 힘을 합쳐요."

뿌리를 낮게 뻗는 삼나무들은 서로 가까이 연결되어 있어서 심한 바람이 몰아칠 때에도 넘어지지 않는다. 두 사람이 창조적으로 협력하고 상호 의존적으로 작용하면 각각 완성할 수 있는 것들의 합보다 더 많은 것을 성취할 수 있다. 서로의 차이점을 가치 있게 여기고 새로운 가능성으로 받아들여서 윈-윈 사고를 실천하며 신뢰를 쌓으면, 시너지의 유익을 얻게 된다.

> **습관 7:** 자기 쇄신
>
> "심신을 단련하라."
>
> "끊임없이 쇄신하라."
>
> "몸, 마음, 정신, 가슴속 영혼을 골고루 돌봐요."

너무 많이 사용해서 날이 무뎌진 톱은 나무를 자르지 못한다. 사람도 효과적으로 일하려면 자신의 심신을 계속 단련할 필요가 있다. 이를 위해서는 우리의 삶을 구성하고 있는 네 가지 차원, 즉 신체, 정서, 이성, 영혼을 지속적으로 쇄신해 나가야 한다. 이 네 가지 차원들을 적절히 조화시키고 점차 쇄신해 나가면, 앞서의 여섯 가지 모든 습관에 있어서 그 효과를 증진시킬 수 있다.

혹자는 보편적이고 상식적인 가르침이라고 생각할 수 있겠지만, 정작 중요한 것은 이 일곱 가지가 명실상부한 '습관'이 되게 하라는 것이다. 우리의 삶을 흐트러뜨리는 습관들은 노력하지 않아도 어느새 몸에 배게 되고 우리의 삶을 규모 있게 만드는 습관은 애써 노력하지 않으면 얻을 수 없다고 저자는 충고한다. 사실 이 충고가 내가 가장 동의하는 지점이다. 우리의 게으르고 악한 본성은 마치 비행기를 잡아 끌어내리는 중력과도 같아서 엔진을 돌려서 늘 위로 향해 날지 않으면 방심하는 순간 땅으로 곤두박질치기 십상이기 때문이다. 좀 더 욕심을 부리자면 이런 '습관'Habit들을 '삶의 양식'Life Style 차원으로 정착시키는 것을 한 차원 높은 목표로 정하면 좋겠다. 아무래도 시계시간은 습관의 지배를 받게 되겠지만, 우리가 살펴본 바대로 사건시간은 삶의 양식에 좌우되기 때문이기도 하다.

전략과 전술
: M.O.S.A.I.C. & O.A.T.S.

●○● 고등학교를 졸업하던 늦겨울이었다. 이른바 당시 '엄친아'였던 나는 교회 고등부 후배들을 앉혀 놓고 일장 훈시를 하고 있었다.

"얘들아, 너희들이 교회 나와서 예배하고 친구들과 교제하느라 보내는 시간을 한번 헤아려 보자. 기본적인 모임에 참석하는 걸로만 따져도 토요일 2시간, 주일 2시간 매주 4시간이란다. 이걸 고교 3년간 모아보면 4시간씩 52주 3년이니 624시간인데, 이 시간을 매일 8시간씩 집중해서 공부하는 데에 쓸 수 있다고 가정할 때 78일이 나오거든. 이건 휴일 빼고 석 달에 해당하는 시간인데 너희가 교회 안 다니는 친구들보다 석 달을 밑지고 공부하는 걸로 생각해야 한다는 말이다. 대학 입시 앞두고 78일간 8시간씩 공부할 수 있는 기회가 온다면 전 과목을 두어 번씩 복습하고도 남을 시간이 되거든. 그러니 노는 시간을 줄이든지 잠을 좀 덜 자든지 하지 않고서는 경쟁에서 뒤처지는 것이 불 보듯 뻔해."

이어진 날카로운 지적은 우리가 진정 하나님을 위해 드리는 시간과 하나님을 빙자해서 교회에서 우리끼리 즐겁게 지내는 시간을 잘 구별하라는 것, 그리고 그렇게 낭비되는 시간들은 결코 하나님의 영광을 위해서 바람직하지 않다는 꽤 훌륭한 주장이었다. 나아가 성적에 대한 목표를 세우는 기준에 대해서도 구체적인 방법을 알려 주고 있었다.

"막연한 목표를 가지고 공부하는 것은 도움이 안 돼. 일단 지난 1년간 중간고사나 기말고사, 모의고사를 통틀어 과목별 점수를 한번 보고, 그중 최고점을 골라내는 거야. 예를 들어 여섯 번의 시험 중 내가 가장 잘 본 점수가 수학은 82점, 영어는 88점이 최고였다면 그걸 일단 목표로 설정하고 공부하는 거지. 그렇게 전 과목을 합산해 보면 목표 점수가 나오잖니. 이건 과거에 경험한 능력의 최고치를 보여 주는 것이고, 어찌 보면 실현 가능한 목표야. 앞으로 과목당 목표를 경신하면 전체 목표도 상향 조정되는 거지."

어떤 후배들의 눈은 빛났고, 어떤 후배들의 눈은 반신반의하는 표정이었다. 나의 훈시는 어느새 넓은 시험 범위를 소화하는 학습 방법론으로 넘어가고 있었다.

"보통 학기 초에는 시험 범위가 좁아서 공부하기 만만하지만 학기 말로 갈수록 시험 범위가 넓어져서 엄두가 안 나는 적이 많더라고. 그리고 마음먹고 방학 기간을 이용해서 좀 두꺼운 참고서를 독파하고 싶은데 늘 앞쪽 몇 장만 건드리다가 말게 되잖니. 이럴 땐 일단 자기 문제풀이 속도에 맞추어서 문제를 건너뛰면서 풀어 가는 게 좋아. 예를 들어 처음에는 짝수 문제만 풀면서 시험 범위를 다 훑는 거지. 그리고 시간이 남으면 홀수 문제를 풀어 가는 방식이야. 이것도 시간이 모자라다고 생각하면 3의 배수인 3, 6, 9번 문제들만 푸는 거지. 그리고 다음엔 1, 4, 7번 문제, 또 시간이 남으면 2, 5, 8번 문제를 풀고……."

그러면서 우리 동기들이 함께 힘을 모아 서로의 학업을 감시해 주던 비밀 약속을 공개했다.

"고3 때 나는 친구 네 명과 함께 서로가 일찍 잠들지 않도록 일주일씩 돌아가면서 보초를 섰단다. 각자 다른 학교에 다녔기 때문에 함께 모여서 공부하지는 못했지만 각자 밤 12시까지 열심히 공부하고, 12시가 되면 그주의 당번이 전화를 죽 돌렸지. '오늘 공부 어땠냐? 잘 되냐? 마무리 잘해라. 잠 푹 자고 내일 또 보자.' 이런 식의 짧은 통화였지만 친구의 전화가 올 때까지 안간힘을 쓰면서 졸음도 참고, 안부 전화에 부끄럽지 않으려고 각자 나름대로 최선을 다했어. 너희들도 한번 적용해 보면 좋겠다."

그때 이 약속을 함께 했던 친구들은 대부분 무난히 대학 진학에 성공했고, 그중 한 친구는 구체적인 목표에 도전하느라 삼수 생활을 거쳐 몇 년 전 늦깎이 공학박사가 되었다. 고교 졸업 후 20여 년이 지난 지금도 한 교회에서 신앙생활을 했고 지난 가을에는 친구 네 명이 함께 안수집사로 임직을 하게 되었다.

경영학 과정은 물론 실제 기업 경영에도 주요 분야들이 존재한다. 전통적으로는 재무와 회계 분야, 인사와 조직 분야, 생산과 물류 분야 등이 있고 마케팅, 정보시스템, 전략경영 등은 최근 들어 중요하게 부상한 분야다. 이 중 전략경영strategic management은 조직 내의 역량과 조직 외의 환경을 평가하고 분석하여, 기업이 어떤 선택을 할 것인가에 대한 각 단계에 수준에 따라 구체적인 판단을 내리게 하는 분야다. 용어에서 물씬 풍기듯이 이는 군사적인 용어다. 생존 경쟁의 전쟁터에서 살아남느냐 도태되느냐의 문제와 직결되어 있는 개념인 것이다.

이 전략strategy이라는 개념과, 여기에 따라오는 전술tactic이라는 개념은 현대사회에서 개인의 자기 계발을 위해서도 적용되고 있고, 선교 단체나 교회 공동체의 성장과 발전을 위해서도 두루 활용되고 있다. 사도 바울이 후임이었던 디모데에게 여러 번(딤전 1, 6장, 딤후 4장)에 걸쳐 '선한 싸움'을 강조했고, 히브리서 12장의 '경주'도 같은 이미지로 새길 수 있으니 크리스천들에게도 그리 낯설지 않다. 하나님 나라의 모형인 지상의 교회가 세속의 권세와 죄악의 영향력에 맞서 싸우는 이미지로서 '영적 전쟁' 역시 익숙한 개념이다. 다만 전체주의적이고 상명하복으로 대표되는 군사 문화가 다소 비정상적으로 배어 있는 우리 사회의 현실에서 이런 개념들이 오용되지 않기를 바랄 뿐이다.

전략경영에 있어 조직의 성과 관리와 과업의 성취를 위해 기획 과정에 종종 쓰이는 여러 가지 단계별 모형이 있지만 여기서는 두 가지 정도를 소개하고자 한다. 하나는 보편적으로 적용 가능한 '모자이크'M.O.S.A.I.C. 모형이고, 또 하나는 시간관리와 연관된 '오츠'O.A.T.S. 모형이다.

먼저 모자이크 모형을 소개한다면 다음과 같다. 이중 앞쪽의 세 가지는 전략적 개념으로, 뒤쪽의 세 가지는 전술적 개념으로 이해할 수 있다.

M: **Mission** ** 사명 – 바라고 이루고자 하는 주된 목적

O: **Objectives** ** 목표 – 명료하고 평가 가능하도록 표현된 구체적 사명

S: **Strategy** ** 전략 – 역량과 환경을 감안한 실행 방식과 방향 설정

A: **Action plan** ** 실행 계획 – 목표를 위한 일련의 활동과 시간 계획

I: **Implementation mechanism** ** 구현 기법 – 인적, 재정적, 도구적 자원의 동원 방식

C: **Control feature** ** 통제 장치 – 점검과 평가와 반영이 이루어지는 형식

이 모형에서 나 자신을 포함해서 많은 개인과 조직들이 종종 실패하는 지점은 O(목표)와 C(통제) 부분이다. 이것은 대부분 목표를 모호하게 설정하는 데에서 기인한다. 이 분야의 전문가들은 목표 설정 시에 다음 네 가지 기준을 반드시 점검해 보라고 추천한다.

1. 분명한 말로 표현되었는가?
2. 관찰, 측정, 평가가 가능한가?
3. 목표에 따른 실천 계획을 세울 수 있는가?
4. 만족할 만한 성취 수준이 설정되어 있는가?

그리고 C(통제)에 있어 주요 요소인 평가와 점검 역시 일정한 기간을 두고 주기적으로 일어나는 것이 보편적이기에, 평소에는 잊고 살다가 연말연시 등 특정한 시점에 부랴부랴 이러한 작업을 하는 것을 보게 된다. 이 평가와 점검의 주기를 점차 줄이는 것이 바람직하다. 더 바람직하게는 평소에 점검과 평가를 습관화하는 방식을 개발하는 것이다. 이를테면, 매일 아침 체중계를 재는 습관이나 매일 저녁 용돈기입장을 정리하는 습관 등이 여기에 해당하겠다. 물론 습관이

되기 위해서는 훈련이 필요하다는 것은 두말할 나위 없겠다.

돌아보면 사실 내게 예수님의 제자로서의 삶을 배워 나가는 과정도 '훈련'training이라는 이미지가 강했다. 대학 초년 시절 큐티(경건의 시간), 성경 공부, 전도, 기도 등은 훈련의 요소들이었고 '자기를 쳐서' 복종시켜야 하는 과정이었다. 그중 시간관리도 훈련의 한 분야였는데 당시 소개받았던 간단한 시간관리의 틀이 바로 오츠 모형이었다.

O: **Objectives** ** 목표 – 도달해야할 지점 예) 개인택시 운행

A: **Activities** ** 활동 – 도달하기까지 해야 할 일들, 예) 면허, 경력, 자금 조달

T: **Timetable** ** 시간표 – 반복적이고 주기적인 일과를 정돈하는 고정적인 틀

S: **Scheduling** ** 일정 작성 – 여러 활동을 우선순위에 따라 기록한 시간계획표

오츠 모형은 앞의 모자이크 모형처럼 광범위한 사명과 평가를 포괄하지는 않지만 단기 목표의 달성에 필요한 계획과 실행에 대한 구체적인 교훈이 있다. 이를테면 사람들은 대부분 목표와 활동에 대해서는 부지런하지만, 그것을 시간표와 일정상에 배치하는 일, 즉 계획하는 시간에 투자하지 않고 있다는 지적이다. 결과적으로 잘 계획되고 정돈되지 않은 여러 활동들이 서로 꼬이고 비효율적이 되어 많

은 시간을 소비하게 되는 것을 막기 위해서는 계획하는 시간을 따로 벼르라는 것이다. 두 시간 투자해서 잘 계획하면 일주일 걸릴 일을 나흘에 해치울 수 있고, 시간 계획 없이 뛰어들면 열흘을 투자해도 모자라다는 매우 상식적인 교훈이다. 이는 일주일에 한두 시간 정도 그주에 벌어질 일들을 주의 깊게 일람해 보고, 고정된 시간표와 동적인 일정상에 빼놓지 않고 적절하게 계획하는 일의 중요성을 강조하고 있다. 개인적으로 나는 우선 심야 시간을 제외하고 하루를 18시간으로 구분한 주간 시간계획표상에 고정적이거나 선점되어 있는 일과들을 형광펜으로 미리 구분해 놓는다. 그리고 남은 시간을 세어 본 후, 일의 중요도에 따라 몇 시간씩 배당한 다음, 그 시간만큼 다시 시간표상에 옮겨 표시하는 과정을 반복한다. 대학 시절 학업과 교회와 선교 단체에서 맡았던 여러 일들을 감당해야 했던 나를 그나마 지탱해 주었던 귀한 도구였음은 틀림없다.

돌아보니, 여러모로 철없던 고교 시절임에도 불구하고 나와 내 친구들에겐 일종의 본능적인 '전략적 사고'가 있었던 듯하다. 학업이 본분인 고등학생으로서 신앙생활을 병행하면서도 하나님께 부끄럽지 않은 결과를 얻고 싶다는 사명과 목적을 설정했고, 우리가 처한 불리한 시간적 환경과 내적인 약점을 분석하고 공동체적 대응을 통해 극복하려는 전략도 있었다. 과거의 경험에서 실현 가능하게 보이는 시험 성적상의 목표들도 세웠고, 구체적인 징검다리 학습 방법도 동원하였다. 이 계획이 잘 실행되도록 통제하는 심야 점검 전화 방식도 공유하고 있었으니 여러모로 기특한 공동체였다.

그러나 내게 오래도록 남은 것은 당시 우리들의 이런 전략적 사고라든지 당시 독파했던 과목별 참고서가 아니고, 오늘도 보고 싶다면 바로 달려 나오는 신앙의 죽마고우들이다. 위로가 필요할 때, 문자 한 통으로 한 시간 안에 다 모일 수 있는 평생 동지들이다. 어쩌면 우리들이 시간을 관리해서 얻고자 하는 것이 무엇인지, 젊은 시절에 세월을 아껴야 하는 이유는 무엇인지 여기서도 한 가지 답을 얻어낼 수 있을 듯하다.

긴급한 일과 중요한 일

●○● 초등학교 4학년 여름방학이 시작되던 날, 방학식을 마치고 집에 돌아온 나는 가방을 풀자마자 부지런히 〈탐구생활〉에 나온 방학 과제물을 한 페이지씩 해치우고 있었다. 그렇게 〈탐구생활〉을 붙잡은 지 사흘 만에 마지막 장에 도달했고, 그날 나는 방학 숙제와 작별을 고하며 쾌재를 불렀다. 이제 남은 것은 일기 쓰기와 포스터 그리기 정도. 바야흐로 한 달 간 숙제에서 해방되어 맘껏 놀 수 있게 되었다.

기억해 보면 난 초등학교 3학년 때까지는 방학 숙제를 미루고 미루다 개학 전날까지 밤잠을 설치며 밀린 숙제를 하는 난리를 경험했었다. 아마도 그 악몽을 반복하지 않으리라 결심한 결과 나타난 또 다른 극단이 바로 방학하자마자 숙제를 해치우는 방식이었던 것이다. 초등학생답지 않았던 나의 이 기행奇行은 6학년 때까지 계속되었다. 그런데 어린 마음에 내심 억울했던 것은, 내가 꼬박 며칠에 걸쳐 쉼 없이 해야 했던 그 많은 숙제들을 친구들이 거저 빌려 가서는 하루 만에 베껴 내는 것이었다.

어찌 보면 당시 내게는 숙제를 미루다 보면 막판에 낭패를 보게 된다는 교훈을, 미리미리 숙제를 하고 마음 놓고 놀아야겠다는 특별한 실천으로 이어 갔던 것 같다. 물론 그 동기야 철없었지만 당시로서는 기특한 발상과 결심이었던 것임엔 틀림없다.

이렇게 철없던 시절의 이야기를 빌어서라도 앞서 간단히 살펴본 일곱 가지 습관 중 세 번째 습관인 '소중한 것을 먼저 하라'는 자기관리 습관에 대해서 조금 더 구체적인 설명을 덧붙이고 싶다. 이어지는 두 편의 글에서는 이 습관에 대해 올바른 이해를 가지도록 조금 특별한 시각도 전하게 될 것이지만 기본기로서 이 습관은 대단히 중요하다.

소중한 것을 먼저 하라는 교훈에는 중요한 일과 덜 중요한 일을 구분하는 것과, 긴급한 일과 덜 긴급한 일을 구분하는 것부터 이야기가 진행된다. 중요한 일이라 함은 맡은 바 자신의 임무라든지 목표에 도움이 되는 활동을 말한다. 한편 긴급한 일이란 눈앞에 다가와서 즉각적인 행동을 요구하는 일을 말한다. 상식적으로 이 구분은 그리 어렵지 않지만, 이 두 가지 성격의 구분법을 함께 적용하면 다음과 같은 네 가지 종류의 일들로 입체적인 구분이 가능하다.

1. 중요하고도 긴급한 일
2. 중요하지만 긴급하지는 않은 일
3. 중요하지 않지만 급한 일
4. 중요하지도 않고 긴급하지도 않은 일

1번의 예로는 매일 몰아야 하는 승용차가 갑자기 고장이 난 경우를 들 수 있다. 2번의 예로는 석 달 정도 후에 치러야 하는 자격시험을 위한 공부, 3번의 예는 오늘이 마지막인 할인 행사장을 찾아 언제 입을지 잘 모르는 옷을 고르는 일이다. 그리고 심야 케이블 TV 채널 돌리기가 4번의 한 예가 될 듯하다. 이를 사분면四分面으로 표현하면 다음과 같이 나타낼 수 있다.

제1영역 중요하고도 긴급한 일	**제2영역** 중요하지만 긴급하지는 않은 일
제3영역 중요하지 않지만 긴급한 일	**제4영역** 중요하지도 않고 긴급하지도 않은 일

시간관리를 제대로 한번 해보자고 결심한다면 그날 하루의 일과를 죽 일람하고 나서, 각각의 일과를 이 구분에 따라 번호를 매길 수

있다. 그다음 어떤 일부터 먼저 처리해야 하나를 고를 때, 우리의 본능적인 선택은 제1영역에 있는 중요하고도 긴급한 일로 향한다. 하지만 이 선택은 '모범오답'이다. 지혜로운 이들은 제2영역에 있는 중요하지만 긴급하지는 않은 일을 그날의 우선순위에 놓을 것을 권한다. 사실은 이것이 세 번째 습관의 핵심적인 가르침이다. 만약 '일곱 가지 습관'을 내용으로 하는 리더십 과정을 듣는 데 300만원이 필요하다면, 나는 주저 없이 세 번째 습관 부분에 250만원의 가치가 있다고 걸겠다. 사실 이 부분을 몸에 배게 한다면 과업 중심의 시계시간 관리는 거의 마스터했다고 봐도 무방하다.

왜 '중요하지만 긴급하지 않은 일'에 우선순위를 배정해야 하는지에 대해 두 가지 정도의 설명이 가능하다. 하나는 우리의 본성이다. '중요하고도 긴급한 일'은 굳이 우선순위를 배정하지 않아도 우리의 본성이 그것을 챙기고 있다는 말이다. 자투리 시간을 활용해서든 잠을 줄여서든 그 일들을 해치우고야 만다. 굳이 우선순위를 매길 필요가 없다는 것이다. 또 하나는 시간의 비밀이다. '중요하지만 긴급하지 않은 일'을 꾸준하고 성실하게 우선순위를 가지고 행하게 되면, 어느새 우리는 '중요하고도 긴급한 일'이 일과 상에서 사라지는 신기한 순간을 맞이하게 된다. 결국 그때부터는 '중요하지 않지만 긴급한 일'과 '중요하지만 긴급하지 않은 일' 사이의 승부만이 남게 된다. 이쯤 되면 그 상황에서 그 정도 선택은 굳이 일일이 재보지 않아도 되는 경지에 이르러 있으리라.

이 습관은 시계시간의 효율을 높이는 방법이기도 하다. 이미 많은 비유가 이 원리를 합리적으로 옹호하고 있다. 이를테면 여행을 위해 옷가방을 쌀 때 큰 짐부터 배치하고 작은 짐을 남은 공간에 넣는 것이 공간 활용에 효율적이라든지, 같은 옷이라도 차곡차곡 개어서 넣는 것이 잔뜩 구겨서 넣는 것보다 더 많이 넣을 수 있다는 등의 설명이다. 또는 콩과 좁쌀을 한 컵 씩 섞을 때 콩을 먼저 넣고 좁쌀을 나중에 사이사이에 넣어야 전체 부피가 줄어든다는, 초등학교 과학 시간에 배운 원리와도 유사하다.

중학교 시절의 나의 방학 숙제 패턴은 조금 변화했다. 무조건 혼자 독파하는 방식이 아닌 친한 친구들과 모여서 숙제하는 방식이었다. 물론 숙제한답시고 모여 있다 보면 떠들고 노느라 시간 가는 줄 몰랐지만, 당시 우리에겐 서로 믿는 구석이 있었다. 그것은 선생님께는 비밀이었는데, 각자 자신 있는 파트를 한 부분씩 맡아서 하고, 나머지는 친구들 것을 베껴 내는 것이었다. 물론 선생님도 개학 후에 숙제 검사 하시면서 이러한 분업을 눈치 채셨겠지만 짐짓 모르는 척 해주신 듯하다. 이제 와서 곰곰이 생각해 보니 초등학생 시절 방학 중에는 숙제하는 것보다 뛰어 노는 것이 더 소중한 가치였고, 중학교 때도 어쩌면 숙제하는 것보다 좋은 친구를 사귀는 것이 더 소중한 가치였던 것은 아니었을까? 숙제를 너무 열심히 챙긴 나로선 살짝 씁쓸한 깨달음이다.

소중한 것을 먼저 하라 & 몇 가지 오해

●○● 4년간의 내 유학생활을 묘사하는 한 가지 표현이 있다면 그것은 '중고품 수집 인생'이다. 아마 나뿐만 아니라 유학생들 대부분이 비슷한 처지였으리라. 학기 초에는 학업에 필요한 고가의 교재를 인터넷을 뒤져서 중고품으로 구입했던 기억이 난다. 아이들의 옷도 속옷 외에는 90퍼센트 물려 입히던 시절이었다.

현지에서는 이사를 세 번 했었는데, 이사를 하다 보니 살림이 조금씩 늘어났다. 첫 이사와 함께 장만한 살림은 냉장고, 이동식 세탁기, 조립식 식탁 세트, 그리고 2인용 소파. 물론 모두 중고였다. 모두 합쳐서 300달러(당시 환율로 40만 원 상당)가 들었다. 이 외에도 유학을 마치고 한국으로 돌아가는 어느 부부의 살림을 싸게 건네받기도 하고, 유학 마칠 때 돌려주기로 하고 당분간 안 쓰는 살림을 거의 거저 빌려 쓰기도 했다. 새로 이사한 집에서는 냉장고를 월 20달러를 내고 빌려야 했고, 공용 세탁기도 전보다 비싸졌는데 이렇게 중고품을 받으니 냉장고도 전보다 넉넉해지고 빨래도 들고 다니지 않아도 되어서 아내는 마냥 행복해했다.

이후로도 우리의 중고품 수집은 계속되어서 석 달에 걸쳐 큰 아이 책상과 내 책상, 둘째 카시트, 할로겐 스탠드, 2단 디딤대(높은 곳에 있는 물건 꺼낼 때 쓰는 미니 사다리)등을 쓰레기 처리장에서 건졌다. 거의 멀쩡한 것들인데 이사하면서 버리고 간 것들이어서 깨끗이 닦고 좀 고치고 나니 다들 쓸 만 했다. 내게 고장 난 물건을 손질하는 은사를 주신 하나님께 감사할 따름이었다.

이 습성은 귀국 후에도 계속되었다. 사실 귀국할 때도 마침 같은 지역으로 유학을 떠나는 후배와 연결되어 현지 미국 살림 일부를 후배 부부 몫으로 남겨 두고 후배들의 한국 살림 일부를 서울에 와서 넘겨받았었다. 이 중고품 수집 성향은 나와 내 아내에 머문 것이 아니고 아이들에게도 영향을 미쳤다. 초등학교 2학년이었던 둘째가 어느 날 집으로 뛰어 들어오더니 자기 맘에 드는 컴퓨터 책상이 폐기물 수거를 기다리고 있다고, 빨리 가지러 가자고 해서 속으로 많이 웃었던 기억이 있다. 사실 지금 내가 글을 쓰고 있는 책상이 그때 가져온 것이다.

한때 〈우리 결혼했어요〉라는 방송 코너에 '신상'(신상품)을 애완견 아끼듯 하는 아내의 성격에 당황스러워하는 남편이 설정되는 부부

캐릭터를 접한 적이 있다. 하지만 우리 가족은 사실 신상품을 소중하게 아껴본 기억보다는 남이 사용하다가 내어 놓은 물건을 정성껏 고쳐서 되살려 놓은 중고품들에 대한 애틋한 감정이 더 많았다. 소중하다는 느낌은 물건의 외적인 가치에서 오는 것이 아니고 그 물건에 담긴 사연에 좌우된다. 그러기에 오래도록 사용해서 손때가 탄 물건이라든지, 너무 자주 입어서 솔기가 닳은 옷 등은 무언가 사연이 있기 마련이다. 우리가 소중하게 여기는 것들은 과연 어떤 것들일까?

《성공하는 사람들의 7가지 습관》의 저자 스티븐 코비가 남긴 권면 중 가장 모든 이의 공감을 불러 일으키는 언명은 "소중한 것을 먼저 하라"이다. 앞서의 글에서 살펴본 것처럼 우선권에 있어서 '긴급하지 않지만 중요한 일'을 가장 먼저 해야 한다는 원칙과 맞닿아 있는 지점이다. 그러나 코비는 정작 그 '소중한 것'과 '중요한 일'의 구체적인 부분에 대해서는 살짝 침묵한다. 그것을 정하는 것은 각자의 몫이라는 것이다. 자신의 삶에 주도적이 되어 목표를 확립하고 나서, 그 목표에 비추어 합당한 것들을 소중한 것으로 분류해서 우선 취급하라는 가르침이다. 그런 면에서 코비는 살짝 무책임하고 살짝 비겁하다. 우리는 본성상 모두 부와 명예와 권력을 추구하고 남보다 앞서기를 원하며 더 많은 것을 누리고 더 많은 것을 소유하기 원한다. 소위 '성공'하기 위해서 필요한 것들을 '소중한 것'으로 여기기 십상이다. 그래서 사람들은 자기에게 주어진 시간을 쪼개고 쪼개서 더 많은 과업들을 수행하기 위해 시계시간의 바다 속으로 빠져들고 있는지도 모른다. 코비가 조금만 더 용기가 있었다면 우리 인생에 보편적으로 소중한 것이 무엇이라고 제대로 힘주어 말했어야 한다. 이러한 경향을 바로 잡기 위해 강의든 저술이든 더 많은 노력을 기울여도 이미 많은 사람들은 그 소중한 것을 '성공'이라고 오해하고 있으니 이를 어쩌랴. 하지만 나는 "소중한 것은 이미 정해져 있다"고 믿는 사람이고, 소중한 것은 앞서 말한 삶을 구성하는 네 가지 관계라고 생각한다. 여기에 대해서는 다음 글에서 제대로 이야기해 보려고 한다.

또 하나 '먼저'라는 단어가 가진 착시 현상이다. 그것은 일단 시계시간적인 우선순위를 말하는 것이기도 하지만, 시계시간적으로 먼저 챙긴다는 것과 그것을 소중하게 여긴다는 것을 혼동해서는 안 된다. 나는 종종 집중해서 해야 할 중요한 일이 생기면 그 일을 위해 덩어리 시간을 우선 확보하고, 그 시간을 보호하기 위해 그보다 덜 중요한 일들은 '먼저' 해결해 놓고 마음의 부산함을 털어낸 상태에서 그 덩어리 시간을 맞이한다. 그런 의미에서 '먼저'는 시계시간적인 우선권뿐 아니라 사건시간적인 우선권을 의미한다. '먼저 그 나라와 의를 구하라'는 말씀을 온전히 실천하기 위해서는 온갖 염려와 스트레스를 머리에 얹고서 하나님 나라의 사역을 시간적으로만 '먼저' 행할 것이 아니라, 무엇을 먹을까 무엇을 입을까 염려하는 마음을 다스리고 그 사역에 평안히 '집중'하는 것이 필요하다는 말이다.

유효기간이 짧은 우유는 아무래도 최근에 생산된 것일수록 사람들이 많이 찾는다. 유효기간 뿐 아니라 제조일자가 표시된 우유의 매출이 어느 기간엔 두 배 이상 늘었다는 보고도 있었다. 컴퓨터의 수명과 교체주기도 자꾸 짧아지면서 사람들은 최신 컴퓨터를 찾는다. 아무 사연도 기대할 수 없는 일회성 인간관계들도 늘어나고, 사람들은 무언가를 기대하며 새로운 인맥을 찾아 나서고 새로운 만남을 시도한다.

하지만 진정 소중한 사람과 사건은 내가 이제껏 알아 오던 이들 가운데서 발견되고 경험된다는 것이 인맥관리 전문가들의 조언이다. 어찌 보면 신상품으로서의 관계보다 중고품으로서의 관계에 더 큰 가능성이 있다는 것이다. 우리의 인생을 긴 호흡으로 바라보는 것, 그 안에서 진정 소중한 것이 무엇인지를 아는 것이, 소중한 것을 그저 '먼저' 하는 것에 앞서 '먼저' 행해야 할 일임을 명심하자.

CHAPTER 05 CLOCK TIME MANAGEMENT

"소중한 것은 정해져 있다."

– J.O.Y.: Jesus & Other & You

●○● 내가 대학시절 훈련받았던 곳은 죠이선교회www.joymission.org라는 단체다. 지난 2008년엔 창립 50주년을 맞아 뜻 깊은 자리에도 함께했었다. 대학 새내기 시절 누님들의 인도에 이끌려 시작한 선교단체 생활이었지만, 무엇보다 귀중했던 내 대학청년시절의 기초 신앙을 다져준 곳이고, 졸업 이후에도 동문들과 계속 교제하면서 삶을 나누었던 공동체다. 내가 엮은 찬양집 《많은 물소리》를 통해 지금까지 동역해 온 곳이기도 하다. 당시 캠퍼스 간사님이셨던 목사님은 지금도 인생의 멘토로 만나 뵙고 있다. 무엇보다 선교회의 정신을 함축한 죠이스피릿JOY Spirit은 선교단체 생활을

시작했을 때나 20년이 더 지난 지금이나 변함없이 내 삶의 우선권에 대해 되새겨주고 있다.

> "예수님Jesus을 첫째로, 이웃Others을 그 다음으로, 당신You를 마지막으로 둘 때 영원한 참 기쁨J.O.Y.이 있습니다."(Jesus first, Others second, You third. It spells JOY!)

소중한 것은 이미 정해져 있다는 내 주장은 여기서 비롯된다. 무엇이 으뜸First이고 무엇이 버금Second이며 무엇이 딸림Third인지를 이미 구분하고 사는 이들에게는 삶에 있어 질서가 분명하고 그 기쁨의 근원도 자명하다는 것이다. 그리고 그 순서를 역행하는 순간 우리의 기쁨은 변질되고 만다.

그런데, 앞서 소개했던 삶을 구성하는 네 가지 관계에 이 순서를 대입해볼 때 주의할 것은 '자신과의 관계' 및 '세상과의 관계'다. '하나님과의 관계'는 J로 '이웃과의 관계'는 O로 연결할 수 있다면, 일단 이 두 가지 관계는 Y에 해당한다고 해석할 수 있다. 다만 나 자신을 마지막으로 둔다는 것을 무조건적인 희생과 포기라고 새기지는 않기를 바란다. 이웃 사랑의 기준이 되며 나를 향한 자존감과 안팎의 건강은 여전히 중요하다. 희생과 자기부인은 도리어 세속적 성공을 위한 야망과 이기심을 다스릴 때 기억해야할 덕목이다.

결국 무엇을 소중히 여기는가는, 무엇을 으뜸으로 여기며 살며 무엇에 더 큰 욕심을 부리는가로 가늠할 수 있다. 사실 여기 소개한 죠이스피릿은 우리의 죄인된 본성을 거스리는 순서이기에 의지만으로는 우리 삶에 편안하게 자리 잡기 힘들다. 육체의 소욕이 성령의 소욕에 순종하는 과정 또한 지난至難할 수도 있다. 그래서 우리 각자가 삶의 주인 자리에서 내려와서 삶의 모본을 보이신 예수 그리스도의 길을 겸손히 따라가고자 하는 첫 결심이 가장 중요하다 하겠다. 이제 2년 전쯤 죠이선교회 50주년을 맞아 지은 한 편의 노래와 아주 오래 전 한 잡지에 기고했던 선동적인 글 한 편을 소개한다.

세상의 으뜸이신 예수

세상의 으뜸이신 예수, 내게도 으뜸이 되소서
화목의 제물로 죽으시고 영원한 생명을 주셨네
세상의 으뜸이신 예수, 내 삶의 으뜸이신 예수
평화의 사신으로 부르셨네 영원한 나라를 위하여

예수를 따라가는 그대, 그 길에 나 함께 가겠소
사랑과 평화의 씨 뿌리며 기쁘게 섬기며 가겠소
세상의 으뜸이신 예수, 내 삶의 으뜸이신 예수
평화의 사신으로 보내셨네 영원한 기쁨을 위하여

이 시대 최고의 욕심쟁이가 되십시오!

그리스도인들은 모름지기 욕심쟁이입니다.
왜냐하면 물질과 명예와 권력으로는 셈할 수 없는
하나님의 사랑을 탐하기 때문입니다.
백번 양보해서 한번 더 곰곰이 생각해도,
사람들 사이의 사랑과 신의를
몇푼 재리의 유혹보다 더 중히 생각하는 사람들임에 틀림없기에
감히 그리스도인들은 거룩한 욕심쟁이라고 단언하고 싶습니다.
사랑과 믿음은 돈으로는 살 수 없는 귀중한 가치임을
누구나 알고 있습니다.

그리고 세계를 품은 그리스도인들은 더 심각한 욕심쟁이들입니다.
하나님께서 나를 사랑하신다는 사실도 모자라서
"제게 이 산지를 주소서"라고 기도하는
지독한 사람들이기 때문입니다.
또 천번 양보하고 생각해보아도
그 땅을 다스리는 시장이나 군수나 대통령이 되기를 바라지 않고
그 땅을 위한 중보자로, 제사장으로, 복음의 빚진 자로 살아가려는
진짜 욕심쟁이입니다.
세상의 지위는 10년을 넘지 못하지만
영혼을 위해 일한 사람들은 별과 같이 빛날 것을 아는

영리한 사람들이기 때문입니다.
이들은 철저히 미래를 내다보는 투자자적 시각을 가진
골수 욕심쟁이입니다.

무엇보다 한 영혼을 위해 그 삶을 희생하는 이들은
누구도 못말리는 욕심쟁이들입니다.
천하보다 귀한 한 생명을 얻기 위한 '묻지마' 투자자인 셈입니다.
이들이 사람을 사랑하는 것에는 딱히 이유가 없습니다.
누군가가 예수 그리스도를 모른다는 사실만으로
눈물이 나고 마음이 동하여
복음을 들고 자신의 삶을 던지는 사람입니다.
이들은 선천적으로 감각적인 투자 근성을 타고난 고수들입니다.

이제 이 시대 최고의 욕심쟁이를 소개합니다.
이들은 욕심쟁이를 위해 일하는 사람들입니다.
앞서 이야기한 각양 욕심쟁이들이 얻은 거룩한 수익에 대해
함께 계수할 자격을 지닌 사람들인 셈입니다.
욕심없는 이들에게 욕심을 가르치고 더 큰 욕심을 소개하고
이전의 것에 만족치 않도록 하는 투자 자문격의 사람들입니다.
욕심이 무엇인지 아는 사람을 기르는 이들입니다.
욕심의 바람을 일으키는 사람들입니다.

여러분! 이 시대 최고의 욕심쟁이가 되십시오.

영혼 수익률 1,000퍼센트 아니 그 곱절의 곱절을 위해

전략적인 삶을 사십시오.

자신보다 더 뛰어난 욕심쟁이들을 길러내는

위치에 서실 수도 있습니다.

다단계판매왕보다, 펀드매니저보다, 벤처기업사장보다

더 위대한 욕심쟁이가 되십시다.

이제 성령의 소욕을 탐하는 세대가 필요합니다.

관계중심 사건시간 경영법 맛보기

EVENT TIME MANAGEMENT

Chapter 6

소명의 삶을 가꾸는 첫걸음

●○● 바야흐로 이번 장에서는 관계중심적으로 사건시간을 경영하는 실례를 맛보는 기회를 제공하려고 한다. 그다지 관심이 지대하지 않는 독자들에게는 엿보기 정도가 될지 모르겠다. 어쨌든 제1장의 '사랑의 기술'편에서 안내한 것처럼, '사건시간'이라는 '이론'과 '기록의 축적'이라는 '실천'에 이어 마지막으로 이 기록을 관계중심적으로 재구성하는 '숙달'의 과정을 소개하는 순서다. 이를 위해, 수년 전 몇몇 사역자들과 함께 개발한 '소명라이프빌더'라는 특별한 오거나이저Organizer의 구성 형식을 그 모범으로 삼았다. 6장은 어찌 보면 소명라이프빌더의 매뉴얼에 해당하는 장이지만, 반드시 소명라이프빌더를 통해서만 사건시간 경영을 할 수 있는

것은 아님을 미리 밝힌다. 다만 소명라이프빌더의 구조가 가진 선한 의도를 잘 이해한다면 누구든 다른 모습의 기록 양식 상에서도 사건시간 경영을 잘 구현할 수 있으리라 기대한다.

공학을 전공했던 나에게는 일종의 고집이 있다. 그것은 아무리 좋은 주장과 가르침일지라도 그 교훈을 구현할 수 있는 실질적인 도구와 기회가 없다면 그 교훈은 반쪽이라는 것이다. 능력이 있어도 쓸모가 없으면 헛되고, 관계를 맺어도 책임지지 않으면 헛되고, 삶이 규모 있어 보여도 신뢰를 잃으면 헛되다는 1장의 주장과도 맥이 닿는다. 그런 의미에서 삶에 적용되지 않는 설교는 능력이 없고 불리지 않는 노래 역시 감동이 없다고 할 수 있다. 어쩌면 경건의 시간이 중요하다고 강조하는 분들이 손수 경건의 시간을 위한 묵상집과 기록노트들을 개발하는 것은 첫걸음을 내딛는 이들에게는 한결 친절하고 실용적인 배려라고 할 수 있겠다.

'소명라이프빌더'라는 관계중심 사건시간 관리 도구를 개발한 이유 역시 동일하다. 시간의 패러다임을 바꾸고, 삶의 중요한 축인 네 가지 관계를 깊이 공감한 이들이 그 깨달음을 실어 일상을 기록하고 관리할 도구가 없다면 그 삶의 변화를 이끌어 줄 실재實在가 없는 것과 마찬가지기 때문이다. 그래서 약간의 오해를 무릅쓰고라도 구체적인 방법론에 들어가기 앞서 이 각별한 도구가 개발된 배경에 대해 좀 더 설명을 덧붙이고자 한다.

시스템 다이어리가 수첩을 조직화해서 업그레이드시킨 것이었다면, 프랭클린 플래너가 대중에게 소개된 이후로는, 다이어리의 단순 기록 기능을 넘어서서 우선순위에 따라 과업을 관리하도록 하는 각종 자기관리 플래너들이 대세를 이루었다. 크리스천 출판계에서도 사역 플래너, 영성 플래너 등 기존의 플래너를 다소 개조해 사역자들과 성도들의 삶에 접목시키려는 시도가 있었다. 나는 사건시간 경영이라는 새로운 시각과 함께 자기관리 도구 영역에도 새로운 개념을 제안했는데, 바로 "가꾸고 세워간다"는 의미의 '빌더'Builder다. 빌더는 꼼꼼히 기록하고 철저하게 계획해야 한다는 부담에서 벗어나, 삶의 중요한 요소들을 점검해 주는 코치이자 동반자라는 의미를 갖고 있다.

이제까지의 각종 플래너들이 은연중 내포했던 성공지향적인 가치, 즉 성취주의적 자기관리라는 전형적인 틀을 넘어서려는 시도가 담겨 있다는 점이 빌더의 제일 큰 특징이다. 기존 플래너가 한정된 시간 안에 많은 과업들을 놓치지 않도록 우선순위에 따라 채워 넣어 시계시간을 체계적이고 효율적으로 관리하는 것이 목적이었다면, 소명라이프빌더는 시계시간의 삶에서 한 발짝 물러서서 앞서 말한 네 가지 관계 가운데 섬김과 나눔을 실천하며 삶을 제대로 가꾸고 누리고 있는가를 자문할 수 있도록 도와준다.

기존의 많은 다이어리와 플래너가 연 단위, 월 단위, 주 단위, 일 단위로 구성되어 각 단계별로 과업과 만남을 기록하고 점검하도록 일정관리표 위주로 꾸며져 있지만, 소명라이프빌더는 서로 다른 네 가지 구성을 가지고 있다. 즉, 내면 세계를 가꾸는 하나님과의 관계를 요약식 하루 단위의 경건일기 형식Journal(예배가꿈)으로, 무형 자산을 가꾸는 자신과의 관계를 월 단위의 계획표Planner(하루가꿈)로, 인격적 일상을 가꾸는 이웃과의 관계를 주 단위의 축적된 기록Tuner(서로가꿈)으로, 과업적 일상을 가꾸는 세상과의 관계는 수개월 단위의 진행 현황 점검표Manager(열매가꿈)로 꾸몄다. 각각의 방식은 독립적이지만 하루하루 그 상황을 종합적으로 챙길 수 있도록 디자인된 통합 캘린더를 함께 제공하고 있다.

여기서 예배가꿈, 하루가꿈, 서로가꿈, 열매가꿈이라는 네 가지 제목은, 중의中意적인 언어유희를 좋아하는 내 집착(?)의 산물이다. 풀어 쓰자면, 예배가 꿈이기에 예배를 가꾸고, 하루가 꿈이기에 하루하루를 가꾸고, 서로가 꿈이기에 서로를 가꾸어 주고, 열매가 꿈이기에 삶의 열매를 가꾼다는 뜻이다. 네 가지 관계를 네 가지 꿈이자 네 가지 가꿈의 영역으로 쉽게 기억하도록 표현해 본 것이다. 번번이 나의 이런 언어유희에 썰렁하다는 평가를 내리던 아내도 이번엔 괜찮았다는 평가를 해주어 어깨가 으쓱했다.

사실 프랭클린 플래너의 핵심 역시 삶의 소명을 잘 정의하고, 그 소명을 위해 삶의 우선순위, 즉 좀 더 중요한 것을 찬찬히 정해 가는 과정이다. 그러나 많은 이들은 그 과정을 요식적으로 해내고서는 자신의 일상을 좀 더 짜임새 있게 만들어 주는 플래너의 각종 팁에 열광하곤 한다. 자신이 중요하다고 판단하고 우선 행하는 일들도 의외로 즉흥적이거나 감정적인 선택에 의한 것들이 많다. 하지만 소명라이프빌더는 모든 이들에게 이미 공통적으로 소중하고 중요한 것들에 대해 지속적으로 깊은 관심을 기울이도록 그 구조를 과감히 바꾸고 강화한 것이 특징이라 하겠다.

소명라이프빌더는 이미 검증된 많은 이들의 성과를 기초로 개발되었다. 이미 말한 것처럼 앞서 네 가지 관계의 영역들은《목적이 이끄는 삶》에서 소개된 다섯 가지 삶의 목적과도 유기적인 연관성을 가지고 있다. 그리고 소명라이프빌더는 최근 대학 3, 4학년 학생들이 필독서로 읽고 있는《소명찾기》(IVP)에서 자신의 소명을 점검하고, 그것을 일상에서 다져 나가도록 돕는 실천 도구로서도 무척 유용하다. 특별히 '찾는이'Seeker 중심의 목회와 하나님나라 복음의 전수를 교회의 본질로 삼고 있는 나들목교회 김형국 목사님이 개발하신 '풍성한 삶의 기초'라는 훈련 지침서가 중요한 역할을 감당했다. 그중에서도 나들목교회 예배와 미디어 담당 사역자인 이대귀 간사님의 세밀한 기획력이 소명라이프빌더의 탄생에 크게 기여했다.

삶의 목적과 그 중요성을 인식하는 과정뿐 아니라 그 깨달음을 일상으로 이어 가기 위해서는 매일의 삶에서 이를 점검하는 과정이 필요하다. 우리 속담에서는 작심삼일作心三日이지만, 신앙적이든 아니든 모종의 결단과 헌신이 3개월 이상 일상을 통해 지속적으로 이어지는 확률은 상당히 적다. 다들 여름 수련회에서 받은 뜨거운 은혜와 감격이 낙엽 질 때쯤엔 다시 냉랭해지는 경험을 한두 번씩은 해보았으리라. 소명라이프빌더는 일상을 바라보는 모든 시각을 삶의 의미, 즉 자신의 소명에 튜닝하도록 돕고 있다. 자신이 깊이 동의한 삶의 양식을 실제적으로 살아가도록 돕고 그것을 3개월에 한 번씩은 돌아보고 재발견하도록 직간접적으로 자극하는 방식이다.

사실 소명라이프빌더는 한 시간 단위의 계획표를 제공하고 있지 않다. 물론 자신이 원하면 시간을 적어 가며 일정을 관리할 수는 있다. 다만 하루를 여섯 부분(아침 6~9, 오전 9~12, 점심 12~3, 오후 3~6, 저녁 6~9, 밤 9~12)으로만 나누어 보여 주고, 한 부분당 한 가지 주요 일정만을 소화할 것을 권장하고 있다. 짧은 시간 안에 여러 일정을 소화한다는 것은 그만큼 만남이나 과업이 부실해지는 것을 의미한다. 약속을 지키지 못할 가능성도 농후해짐은 물론이다. 삶을 단순화시키는 것이 삶의 본질에 집중할 수 있는 기본이라는 철학이 숨어 있는 부분이다. 그런 의미에서 기존의 다이어리나 플래너의 철학인 '효율성의 극대화'와는 크게 다르다. 일명 시간적으로도 심플 라이프(검소한 삶) 빌더인 셈이다.

한편, 프랭클린 플래너의 기본 정신에는 동의하지만, 그 적용이 서구식 합리주의로 획일화되고 더 복잡해지는 것에 대한 위험을 지적하는 사람이 많다. 각종 플래너를 사용하다가 중도에 그만두는 경우도 많이 있는데, 그것은 그 사람이 덜 계획적이거나 불성실해서가 아니라 그런 류의 플래너들이 하나같이 특정 기질을 가진 사람들에게만 익숙한 사용자 인터페이스를 제공하고 있기 때문이다. 사실은 자신의 기질과 삶의 양식을 잘 파악하고 나서 자신이 감당할 수 있는 형태로 관리하는 것이 중요하다. 과업과 만남에 있어 중요한 것은 양과 효율의 문제가 아니라 질과 깊이의 문제라는 점에 더욱 유의해야 한다.

이제 매일의 삶에서 하나님과 사귀며 그분을 섬기는 '예배가 꿈'이기에 예배를 가꾸는 '예배가꿈'을 사용하는 방법부터 차례로 소개해 보고자 한다.

그분과의 관계 가꾸기 (예배가꿈)
– 받음과 새김, 누림과 드림, 섬김과 나눔

●○● 하나님과의 관계를 가꾸는 예배가꿈 섹션Section은 요약식 경건 일기Journal 형식의 하루 단위 기록지다. 이미 경건의 시간Q.T. 훈련을 받은 분들은 별도의 교재나 노트에 한 바닥씩 그날의 묵상과 기도, 또한 적용점들을 기록하고 있겠지만, 이 섹션은 기록의 분량보다는 기록된 내용의 성격과 흐름을 보고 싶은 이들에게 더 유용할 듯싶다.

'받음과 새김'이라는 기록 공간은 그날 묵상을 통해 깨달은 말씀을 요약해서 기록하는 공간이다. 그날 묵상할 말씀을 택하는 일은

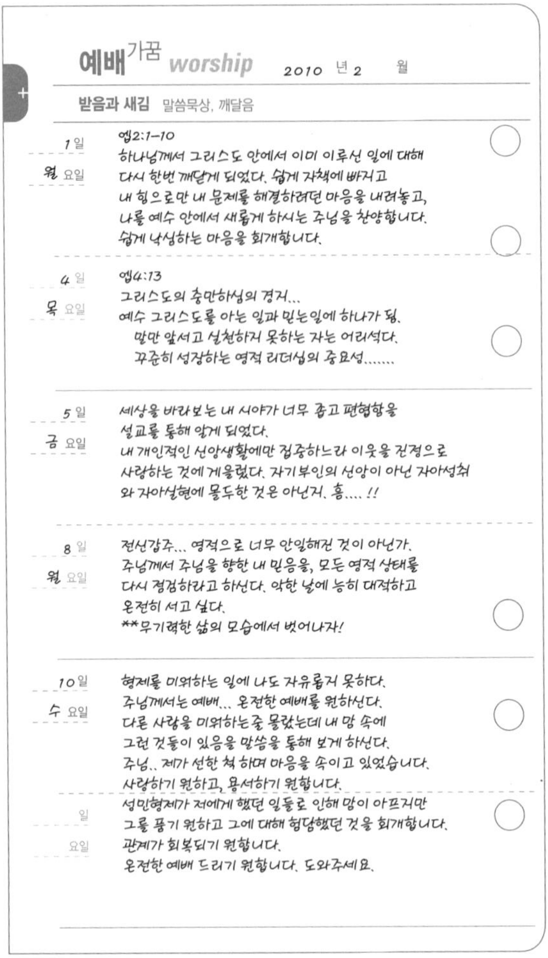
예배가꿈 worship 2010 년 2 월

받음과 새김 말씀묵상, 깨달음

1일 월 요일
엡2:1-10
하나님께서 그리스도 안에서 이미 이루신 일에 대해
다시 한번 깨닫게 되었다. 쉽게 자책에 빠지고
내 힘으로만 내 문제를 해결하려던 마음을 내려놓고,
나를 예수 안에서 새롭게 하시는 주님을 찬양합니다.
쉽게 낙심하는 마음을 회개합니다.

4일 목 요일
엡4:13
그리스도의 충만하심의 경지...
예수 그리스도를 아는 일과 믿는일에 하나가 됨.
말만 앞서고 실천하지 못하는 자는 어리석다.
꾸준히 성장하는 영적 리더십의 중요성.......

5일 금 요일
세상을 바라보는 내 시야가 너무 좁고 편협함을
설교를 통해 알게 되었다.
내 개인적인 신앙생활에만 집중하느라 이웃을 진정으로
사랑하는 것에 게을렀다. 자기부인의 신앙이 아닌 자아성취
와 자아실현에 몰두한 것은 아닌지. 흠.... !!

8일 월 요일
전신갑주... 영적으로 너무 안일해진 것이 아닌가.
주님께서 주님을 향한 내 믿음을, 모든 영적 상태를
다시 점검하라고 하신다. 악한 날에 능히 대적하고
온전히 서고 싶다.
**무기력한 삶의 모습에서 벗어나자!

10일 수 요일
형제를 미워하는 일에 나도 자유롭지 못하다.
주님께서는 예배... 온전한 예배를 원하신다.
다른 사람을 미워하는 줄 몰랐는데 내 맘 속에
그런 것들이 있음을 말씀을 통해 보게 하신다.
주님.. 제가 선한 척 하며 마음을 속이고 있었습니다.
사랑하기 원하고, 용서하기 원합니다.

일 요일
성민형제가 저에게 했던 일들로 인해 맘이 아프지만
그를 품기 원하고 그에 대해 험담했던 것을 회개합니다.
관계가 회복되기 원합니다.
온전한 예배 드리기 원합니다. 도와주세요.

●그림 1

대개 큐티를 위한 월간지 도움을 받지만, 여러 종류의 성경 통독 계획표를 이용해 스스로 정해도 좋다. 소명라이프빌더는 두 가지 방식의 성경 통독표를 제공한다. 요약식 큐티를 권하는 한 가지 이유가 있다면, 기록의 분량에 얽매이지 말고 그날의 핵심적인 깨달음을 기억하기 위해서다. 나도 종종 기록을 위한 기록을 하면서 묵상을 위

● 그림 2

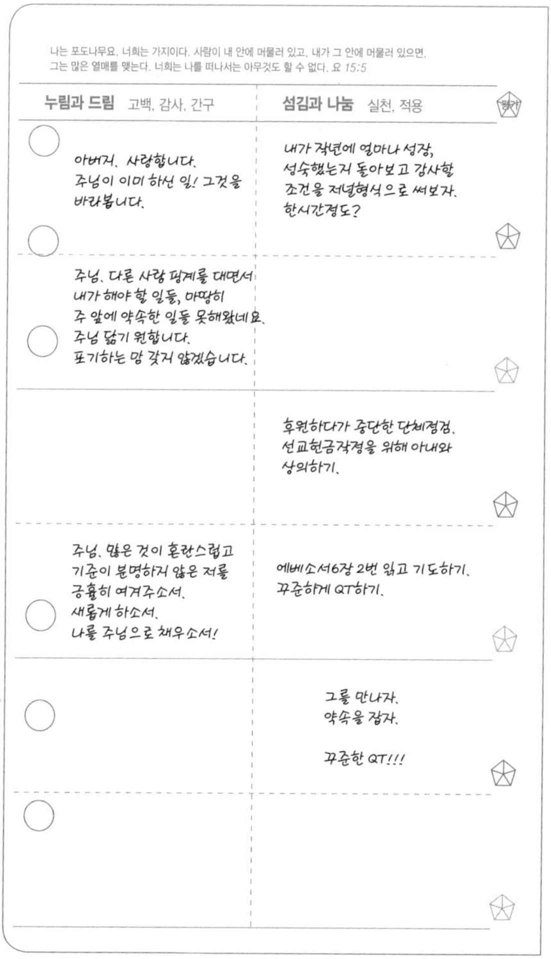
나는 포도나무요, 너희는 가지이다. 사람이 내 안에 머물러 있고, 내가 그 안에 머물러 있으면,
그는 많은 열매를 맺는다. 너희는 나를 떠나서는 아무것도 할 수 없다. 요 15:5
누림과 드림 고백, 감사, 간구
섬김과 나눔 실천, 적용
평가
아버지, 사랑합니다.
주님이 이미 하신 일! 그것을
바라봅니다.
내가 작년에 얼마나 성장,
성숙했는지 돌아보고 감사할
조건을 저널형식으로 써보자.
한시간정도?
주님, 다른 사람 핑계를 대면서
내가 해야 할 일들, 마땅히
주 앞에 약속한 일들 못해왔네요.
주님 닮기 원합니다.
포기하는 맘 갖지 않겠습니다.
후원하다가 중단한 단체점검,
선교헌금작정을 위해 아내와
상의하기.
주님, 많은 것이 혼란스럽고
기준이 분명하지 않은 저를
긍휼히 여겨주소서.
새롭게 하소서.
나를 주님으로 채우소서!
에베소서6장 2번 읽고 기도하기.
꾸준하게 QT하기.
그를 만나자.
약속을 잡자.
꾸준한 QT!!!

한 문장을 완성하려다 자꾸 묵상의 내용이 옆으로 새는 우를 범하곤 했다. 천천히 또박또박 본문을 읽으면서 주목하여 관찰하고 말씀의 본의를 이해한 후, 내게 주시는 말씀 내가 새길 말씀을 간추려서 적어 보자. 하나님으로부터 내게로 와서, 내 안에 지속적으로 거할 그분의 뜻을 남기자는 의미로 적으면 좋겠다(그림1).

'누림과 드림'이라는 기록 공간은 감사할 것들, 고백할 것들, 간구할 것들을 적는 기도의 공간이다. 하나님의 품에 거하는 삶이 가지는 투명함이 드러나도록 기록한다면 성공이다. 이 공간은 내 삶에서 누리게 된 하나님의 성품을 되새기고 나의 부족함을 아뢰고 필요를 여쭙는 공간이다. 슬픔이든 기쁨이든 나에게서 하나님을 향하는 모든 것들을 적어 보자.

'섬김과 나눔'이라는 기록 공간은 일반적인 경건의 시간에서 이야기하는 '적용' 부분에 해당하는데, 구체적으로 그 적용의 성격을 강조해서 실천적인 제목을 붙여 보았다. 날마다 내게 주시는 하나님의 뜻을 드러내는 방식은 그것을 이웃과 '나누고' 그들을 '섬기는' 것으로 나타나야 한다는 의미다. 혼자서 다짐하고 마는 개인적인 실천에 머무르지 않아야겠다는 고집을 부려보지만, 이 역시 쉽지는 않다. 최선을 다해 이웃과 세상에 무언가를 나누고 섬길 것을 찾아내려는 씨름을 하는 공간인 셈이다(그림2).

이 세 가지 기록 공간에 너무 얽매일 필요는 없다. '받음과 새김'에 기도문을 적을 수도 있고, '누림과 드림'에 그날의 삶을 담아도 된다. 가장 중요한 것은 하나님과의 관계를 의식하는 하루가 되어야 한다는 점이다.

물론 매일 빼먹지 않고 하는 것이 가장 좋다. 하지만 어느 날은 정해진 공간만큼만 적을 수도 있고, 가끔은 공간이 모자라 두 배의 공간을 차지하면서 적을 수도 있고, 어느 날은 부분적으로만 적거나 아무것도 적지 않을 수도 있다. 한때 한국 영화 〈놈놈놈〉 패러디가 한창일 때, 큐티에 대해서도 '하는 놈, 안하는 놈, 가끔 하는 놈'이라는 패러디가 있었다. '적자생존'의 색다른 뜻처럼 영적 생존을 위해 큐티의 기록을 남기는 이들도 있을 것이고, 누구의 '연애 노트'처럼 적지 않고는 배길 수 없는 순간도 있을 것이다. 또 때로는 하나님과의 관계가 소원해져서 한동안 기록을 쉴 수도 있을 것이다. 그러나 잊지 말아야 할 것은 그 소원해진 관계는 다른 누구의 도움으로 회복되는 것이 아니라 다시 하나님과의 관계에 직면해야 온전히 회복된다는 점이다. 어쨌든 '예배가꿈'을 나의 영적인 과거 기록을 되새기고 돌아볼 수 있는 신앙의 고향과도 같은 공간으로 여길 수 있다면 성공이다.

그리고 한 가지 팁이 있다면 예배가꿈은 한해 분량을 하루 단위로 편집해 놓았기 때문에, 혹시 다른 큐티 노트나 월간지를 이용하는 사람의 경우에는 이 공간을 그날의 주요 일정을 적는 일일 기록 공간이나 메모란, 일기장으로 써도 무방하다. 다만 그렇게 사용하는 사람들도 한 가지 기억해야 할 것은 그날의 과업적인 일상이나, 작은 메모까지도 '하나님과의 관계'라는 관점에서 적어야 한다는 것이다. 어찌 보면 거룩하게 구별된 공간에 나의 하루를 이모저모 속속 기록할 수 있다는 것을 축복으로 여겨도 좋겠다. 어쨌든 '예배가꿈'은 우리의 경험상 크게 어려울 것 없는 기록 방식이다. 이제 소명라이프빌더의 가장 큰 차별성이 드러나는 '서로가꿈'의 정체를 파악해 보자.

CHAPTER 06 EVENT TIME MANAGEMENT

이웃과의 관계 가꾸기 (서로가꿈)
– 내다보고 다지고 돌아보는 사랑 일기

●○● 서로가 서로에게 꿈이 되어 주려고 서로를 가꾸어 간다는 뜻인 '서로가꿈' 섹션은 내게 소중한 이들과 그룹들에 대한 주 단위 기록지들의 집합이며, 소명라이프빌더의 핵심이다. 왜냐하면 관계중심 사건시간이 가장 많이 발생하는 '이웃과의 관계'를 기록하는 곳이기 때문이다.

우리의 라이프사이클(생활주기)에서 주목할 만한 패턴이 있다면 그것은 주요 만남의 주기가 대개 일주일이라는 점이다. 대학생들의 동아리 모임도 일주일에 한 번, 교회의 가정교회나 목장 모임(예전에는 주로 구역예배라고 했다) 등도 일주일에 한 번이다. 합창단의 연습이 있어도 일주일에 한 번이고 기도모임이 있더라도 일주일에 한 번이다. 중요한 모임일수록 월 1회보다는 주 1회의 빈도를 가진다. 매일을 주기로 하는 더 중요한 인격적 만남이 있다손 치더라도 그것은 아마 하나님과의 관계 또는 막 불붙은 연인과의 만남 정도이고 나머지는 반복적인 과업적 일상일 가능성이 크다. 그래서 인격적인 성숙을 목적으로 하는 '서로가꿈'은 주 1회의 만남을 기준으로 기록하는 공간이다. 소명라이프빌더에서는 이런 단위기록공간을 7묶음으로 구성하여 52주간 기록할 수 있도록 제공하고 있다.

'서로가꿈' 섹션은 크게 두 개로 대별할 수 있다. 하나는 '개인'과의 만남을, 다른 하나는 '공동체' 또는 '그룹'과의 모임을 기록하는 공간이다. 개인과의 만남을 기록해가는 공간은 다소 내면적이 될 것이고, 그룹 모임을 기록하는 공간은 그것보다는 일반적인 기록이 될 듯하다. 이미 앞서의 여러 글들은 통해 나의 프라이버시는 여러 번 공개했으니, 여기서는 소명라이프빌더의 공동 기획자인 이대귀 님의 예를 들어 본다. 그가 바로 당신이라고 상상하며 설명을 따라오면 좋겠다.

그는 1) 가정교회 목자로서 열 명의 지체를 양육하며 예배공동체를 세우면서, 2) 교회 커뮤니케이션 팀장으로서 주보를 제작하고 예배 음악과 관련된 사역을 하고 있다. 그리고 3) 전문인으로서 '소명라이프빌더'라든지 찬양집 《많은물소리》 기획에 참여하고 있다. 그는 이 세 가지 영역의 공동체에 속해 있고 주 1회 정도의 모임 활동을 하고 있다. 또 4) 사랑하는 그의 가족(아내, 딸, 아들)과의 고유의 시

●그림 3

서로가꿈_ 개인용 relationship person

이 름 윤석훈

생년월일 7X. 3. 13

주소 서울 관악구 봉천동 xxx

전화번호 • 팩스 01X-2275-XXXX

이메일 • 블로그 • 홈페이지 xxxxxx@gmail.com

혈액형 • 성격유형 MBTI, 애니어그램 etc.

기억할 사항 주요추억, 신체사이즈, 좋아하는 것들

서로가꿈_ 공동체용 relationship group

공동체 이름

대표 연락처

온라인 커뮤니티

공동체 성격

특별히 기억할 사항

간까지 포함하면 4개의 공동체에 대해 주 1회 이상의 기록을 남기려 애쓰고 있다.

한편, 자기가 일대일로 양육하는 후배라든지, 또는 반대로 멘토링을 받는 선배라든지, 평생 반려자로 만나는 이 등은 개인적인 만남의 대상이며 주 1회 이상 만난다면 축적된 기록을 남길 충분한 이유

●그림 4

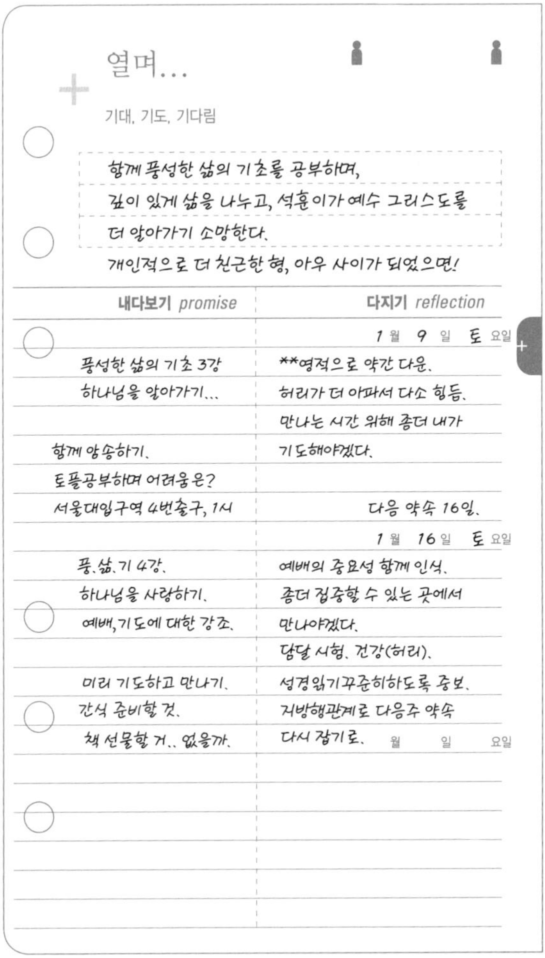
열며...
기대, 기도, 기다림
함께 풍성한 삶의 기초를 공부하며,
깊이 있게 삶을 나누고, 석훈이가 예수 그리스도를
더 알아가기 소망한다.
개인적으로 더 친근한 형, 아우 사이가 되었으면!

내다보기 promise	다지기 reflection
	1월 9일 토요일
풍성한 삶의 기초 3강	**영적으로 약간 다운.
하나님을 알아가기...	허리가 더 아파서 다소 힘듦.
	만나는 시간 위해 좀더 내가
함께 암송하기.	기도해야겠다.
토플공부하며 어려움은?	
서울대입구역 4번출구, 1시	다음 약속 16일.
	1월 16일 토요일
풍.삶.기 4강.	예배의 중요성 함께 인식.
하나님을 사랑하기.	좀더 집중할 수 있는 곳에서
예배,기도에 대한 강조.	만나야겠다.
	담달 시험. 건강(허리).
미리 기도하고 만나기.	성경읽기꾸준히하도록 중보.
간식 준비할 것.	지방행관계로 다음주 약속
책 선물할 거.. 없을까.	다시 잡기로. 월 일 요일

가 된다. 이대귀 님의 경우를 빌자면 개인적으로 신앙 훈련을 지도해 주는 후배 한 명에 대한 기록을 그 예로 들 수 있겠다.

'서로가꿈'의 첫 페이지는 그의 프로필을 적는 공간이다. 후배의 이름(윤석훈, 가명)을 해당 공간에 적고 그에 대한 일차적인 정보까지 적는다(그림 3). 그리고 석 달 동안에 걸쳐 매주 그와의 약속에 해당하는 내용을 '내다보기'에, 그리고 매주의 만남의 내용을 '다지기'란 에 적는다(그림 4). 윤석훈 님은 여러 사람이 함께 가정교회에서 특별히 챙기고 있는 형제라 '가정교회'라는 그룹 기록 공간에서 해결할 수도 있지만, 일주일에 한 번씩 양육 프로그램을 통해 따로 만나기 때문에 더 특별히 기도하고 신경 쓰려 결정했기에 별도로 놓게 되었다. 석 달이 지난 후, 각 만남의 깊이를 고민할 수 있는 몇 가지 질문이 마련되어 있다. 그간의 관계를 매듭짓고 새롭게 여는 페이지라 할 수 있다.

만일 사용자가 현재 연인과의 연애 전선을 강화하기 위해서만 별도의 교환 노트를 마련하는 등 별도의 기록 공간을 가지고 있다면, 굳이 '서로가꿈' 내부에까지 그런 모든 기록을 끌어들일 필요는 없다. 7가지 묶음 중 3~4개의 묶음만 이런 개인이나 공동체의 인격적 관계에 할당하여 기록하는 상황이라면, 창의적으로 여벌의 '서로가꿈'을 활용하는 방법도 여러 가지일 수 있다. 어쩌면 주단위 업무들에 대한 내용을 적어 놓는 기록장으로 변신시키는 것도 괜찮은 방법이다. 나는 일부 공간을 매주 성가대나 찬양팀의 선곡選曲 메모장으로 사용하기도 하고, 성가대나 찬양팀 모임에 결석한 대원들을 간단히 메모해서 전화 한 통씩 돌리는 기초 기록으로 사용하기도 했다. 이러한 업무상의 활용 팁 역시 이 공간이 '이웃과의 관계'를 위해 누군가를 섬기는 정신에서 시작되었기 때문에 어떤 업무에 대한 기록이 되더라도 모종의 인격적인 영향을 받게 되리라고 기대해 본다.

한편, 일주일에 한 번씩 만나지는 않지만 종종 만나고 모이는 이들에 대한 메모식 기록 장치는 없는지 궁금할 것이다. 인격적인 기록은 아니고 다소 정보적인 기록이 될지라도 지내다 보면 이에 대한 필요를 느끼게 될 것이다. 다음 편 글에 소개되는 '하루가꿈' 섹션에 대한 설명을 보면 자연스럽게 이해가 될 것이라고 생각한다.

자신과의 관계 가꾸기 (하루가꿈)
– 여섯 사건이 자리 잡는 3–6–9 일정표

●○● 하루하루가 주 안에서 의미가 충만한 삶이기를 꿈꾸며 자신의 하루를 가꾸어 가는 '하루가꿈' 섹션은 기능적으로는 네 가지 관계에 대한 기록들과 연동되면서 통합적으로 바라볼 수 있는 월 단위의 기록 공간이다.

'하루가꿈' 섹션은 크게 1)나날세움 2)하루가꿈 3)세부일정 4)이레갖춤 이렇게 네 가지로 구성되어 있다. 아무래도 소명라이프빌더를 사용하는 이들이 가장 자주 보게 되는 곳은 전체 섹션의 이름과 동일한 2) 하루가꿈 페이지다. 일반적인 월간일정표와 유사한 모습

●그림 5

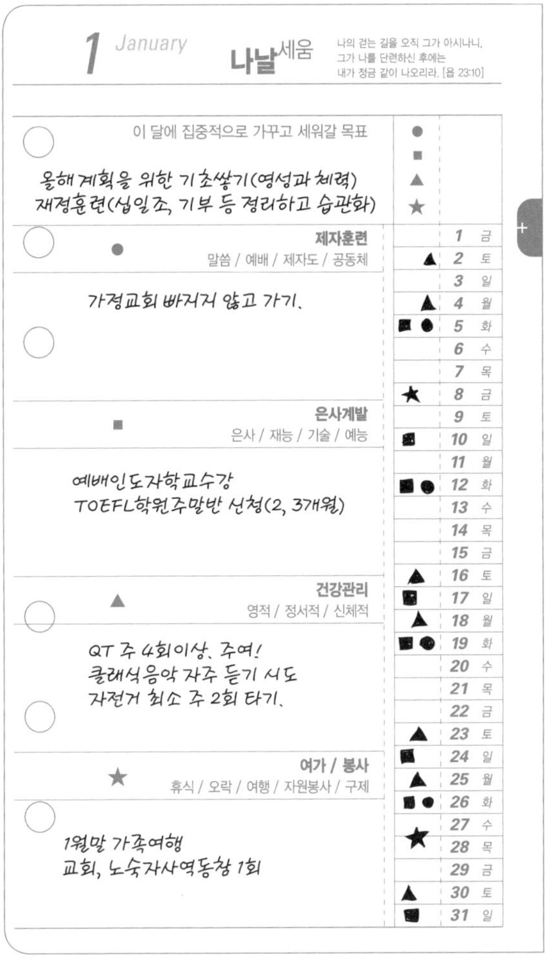
1 January **나날**세움

나의 걷는 길을 오직 그가 아시나니,
그가 나를 단련하신 후에는
내가 정금 같이 나오리라. [욥 23:10]

이 달에 집중적으로 가꾸고 세워갈 목표 ● ■ ▲ ★

올해계획을 위한 기초쌓기(영성과 체력)
재정훈련(십일조, 기부 등 정리하고 습관화)

● **제자훈련**
말씀 / 예배 / 제자도 / 공동체

가정교회 빠지지 않고 가기.

■ **은사계발**
은사 / 재능 / 기술 / 예능

예배인도자학교수강
TOEFL학원주말반 신청(2, 3개월)

▲ **건강관리**
영적 / 정서적 / 신체적

QT 주 4회이상. 주여!
클래식음악 자주 듣기 시도
자전거 최소 주 2회 타기.

★ **여가 / 봉사**
휴식 / 오락 / 여행 / 자원봉사 / 구제

1월말 가족여행
교회, 노숙자사역동참 1회

	1	금
▲	2	토
	3	일
▲	4	월
■●	5	화
	6	수
	7	목
★	8	금
	9	토
■	10	일
	11	월
■●	12	화
	13	수
	14	목
	15	금
▲	16	토
■	17	일
▲	18	월
■●	19	화
	20	수
	21	목
	22	금
▲	23	토
■	24	일
▲	25	월
■●	26	화
	27	수
★	28	목
	29	금
▲	30	토
■	31	일

을 갖추고 있는데 한 달 속 '하루'를 가꾸면서 언제 어떻게 예배, 이웃과 공동체, 학업 내지 직장 업무 등을 살펴야 할지를 한 눈에 알 수 있는 페이지기 때문이다.

1) '나날세움'은 다시 제자 훈련, 은사 계발, 건강 관리, 여가와 봉

● 그림 A9

1 January 하루가꿈 *stewardship*

	일 Sunday	월 Monday	화 Tuesday	수 Wednesday
아침				○
오전				
점심				
오후				
저녁				○
한밤				

	3	**4**	**5**	**6**
아침				
오전	예배	가족나들이	디렉터회의	○
점심		↓		
오후	QT세미나		찬항예화대기획회의	
저녁			(대학로)	
한밤			광주행—>	

	10	**11**	**12**	**13**
아침				
오전	예배	라이딩, 강습	디렉터회의	
점심			강남역	정대회
오후	QT세미나		예배원고마감	
저녁				
한밤				

	17	**18**	**19**	**20**
아침				○
오전	예배(대표기도)		디렉터회의	
점심			기운설(서울대입구)	
오후	QT세미나		CNIZ미팅	○
저녁				
한밤				

	24 31	**25**	**26**	**27**
아침				○
오전	예배		디렉터회의	
점심				
오후	QT세미나			
저녁				
한밤	청년부수련회찬조			

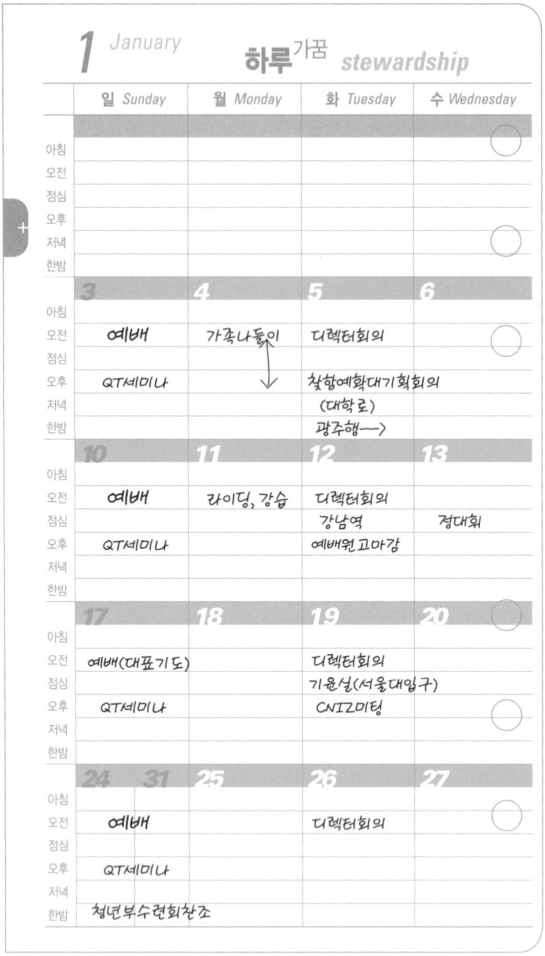

사로 구분되어 있는데, 실천 항목에 그달 집중해서 행할 계획의 내용을 적고, 세로로 된 달력에 특정일을 체크하거나 기간을 표하면 된다. 나날이 삶을 잘 세워 간다는 의미도 있고, 날카롭게 내 삶의 날을 갈고 닦는다는 의미도 숨어있다(그림 5).

그림 6B

우리는 부끄러워서 드러내지 못할 일들을 배격하였습니다. 우리는 간교하게 행하지도 않고,
하나님의 말씀을 왜곡하지도 않습니다. 우리는 진리를 환히 드러냄으로써,
하나님 앞에서 모든 사람의 양심에 우리 자신을 떳떳하게 내세웁니다. 고후 4:2
목 Thursday
금 Friday
토 Saturday
memo
1
2
김성민
02-572-98XX
QT강의준비
윤석훈
가정교회
킹덤스테이션
7
8
9
9일가정교회모임없음
풍삶기준비
주아기
윤석훈
큐티강의준비
물소리
취소
킹덤스테이션
14
15
16
매뉴얼/광고기획완료
(12~15일)
QT 강의준비
청년목자훈련
신촌,최병렬
윤석훈
한빛누리 방문
물소리(JOY회관) 가정교회
킹덤스테이션
21
22
23
안디옥비전기도회
임병구,서울역
윤석훈
가정교회(원계)
킹덤스테이션
28
29
30
12 December
일 월 화 수 목 금 토
1 2 3 4 5
6 7 8 9 10 11 12
13 14 15 16 17 18 19
20 21 22 23 24 25 26
27 28 29 30 31
2 February
일 월 화 수 목 금 토
1 2 3 4 5 6
7 8 9 10 11 12 13
14 15 16 17 18 19 20
21 22 23 24 25 26 27
28

2) '하루가꿈'은 한 달을 두루 볼 수 있는 페이지다. 특히 이 페이지에 적혀 있는 각 내용들의 세부 사항이 '서로가꿈' 섹션에 적힌다는 것을 직관적으로 발견할 수 있다(그림 6A, B). 그림에서 보는 것처럼 하루를 단순하게 6개의 시간 단위로 나누었다. 이는 하루에 집중해서 할 수 있는 일, 만날 수 있는 사람들이 한정되어 있는 것을 생

각하면 이해가 갈 것이다. 우리는 지금까지 철저하게 시간을 관리할 것을 다짐하며, 30분 단위로 시간을 쪼개서 계획을 위한 계획을 세울 때도 많았지만, 그럴 듯한 시간계획표상에 지키지 못한 약속과 계획이 더 많지는 않았는지 돌아볼 필요가 있다.

하루를 30분 단위로 쪼개서 일정을 관리하는 것이 일면 성실하게 보일지는 모르나 사실 의미 있는 사건으로서의 우리의 일정은 몇몇 자투리 시간 외에는 약 3시간 단위로 구성된다고 보아도 과언이 아니다. 서구의 경영 전문가들은 과업에 집중해야 할 시간단위를 90분으로 보고 있지만 우리가 처한 상황으로 견주어 보면 3시간이 현실적이다. 일례로 어느 분과 식사 약속을 했다면, 이동, 식사, 이야기, 돌아오는 시간을 합하면 약 3시간이다. 물론 이동 시간에 전화 주고받고 문자를 확인하는 등 바쁜 일상이 끼어들 수 있지만 이런 부분까지 굳이 계획할 바는 아니다. 데이트, 방문, 과제, 팀 미팅, 원고 작성, 집회 참가 등등 이모저모를 살펴보아도 3시간 단위의 일정은 참 자연스럽다. 그래서 이러한 일정 구성을 '3-6-9(삼육구)일정표'라고 이름 붙이고 하루에 6가지가 넘는 일정을 계획하지 않도록 하자는 것이다. 사실 하루에 제대로 된 의미있는 사건으로서의 6개의 일정을 계획하기도 쉽지 않다.

이렇게 구성된 하루 일과는 아침(6시~9시) 오전(9시~정오) 점심(정오~3시) 오후(3시~6시) 저녁(6시~9시) 밤(9시~자정)으로 나눌 수 있다. 개인의 일정특성에 따라 조금씩 앞뒤 차이를 감안하더라도 이 여섯 개의 시간 덩어리를 성격별로 구분하고 계획할 수 있다. 예를 들어 아

●그림 7

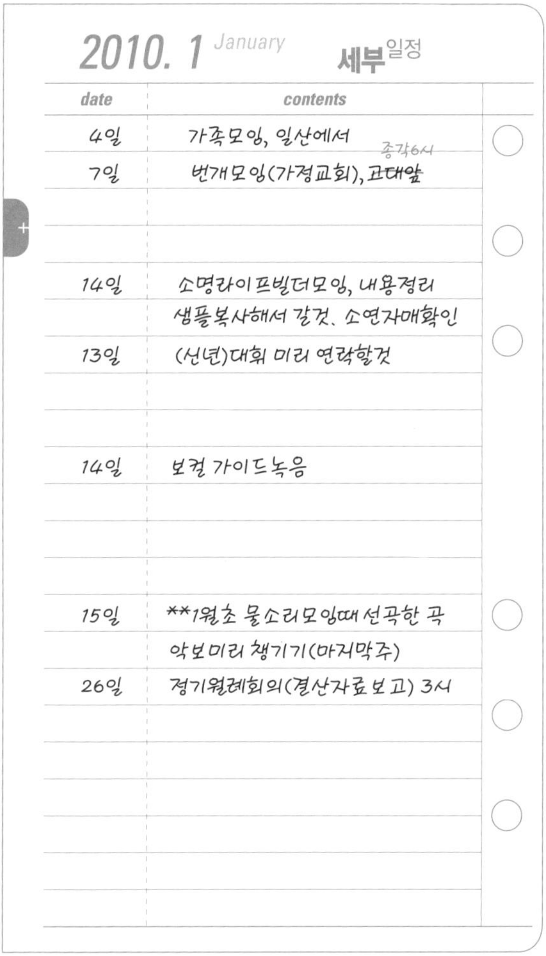

2010. 1 January 세부일정

date	contents
4일	가족모임, 일산에서
7일	번개모임(가정교회), ~~고대앞~~ 종각6시
14일	소명라이프빌더모임, 내용정리
	샘플복사해서 갈것. 소연자매확인
13일	(신년)대회 미리 연락할것
14일	보컬 가이드녹음
15일	**1월초 물소리모임때 선곡한 곡
	악보미리 챙기기(마지막주)
26일	정기월례회의(결산자료보고) 3시

침은 하나님과의 관계를 가꾸는 시간으로, 오전은 내게 맡겨진 과업을 수행하는 시간으로, 점심은 내가 돌보는 사람을 만나는 시간으로, 오후는 나의 은사를 계발하고 건강과 정서를 가꾸는 시간으로, 저녁은 가족과 이웃을 만나는 시간으로, 밤은 독서와 집필을 위한 시간으로 기본구성을 해 놓고 그 성격에 맞는 일정을 배치하는 것이다.

물론 각종 고정적인 일들로 많은 시간들이 이미 차있고, 예상 못한 돌발 상황들이 이러한 규칙적인 일정을 위협하겠지만, 이러한 틀을 가지고 일정을 기록하고 축적시켜서 자신의 삶을 바라보고 점검한다면 편중되어가는 삶의 경향을 수시로 바로잡을 수 있는 기준이 되어 줄 것이다.

이대귀 님의 1월 9일을 예로 들어 보자. 그는 오전에 교회의 정기간행물 출판 기획에 3시간을 쓴는다. 점심에는 '윤석훈'이라고 적혀있다. 이름만 써있고, 만날 장소나 이번 주 용건이 무엇인지는 이 페이지에서는 다 알 수가 없다. 이 때 '서로가꿈' 섹션에 그가 따로 '윤석훈'이라고 써놓은 개인페이지로 가면 그곳에 자세한 내용이 있어서, 그전까지 어떤 만남을 해왔는지 살펴볼 수 있고, 그는 오늘 석훈이와 만날 때 무엇을 준비해야 하는 지도 알 수 있다. 매주 반복되는 일이라면 간단히 쓰여 있는 제목만 보아도 어떤 일을 해야 할 지 알 수 있다. 이처럼 자세히 적을 수 없는 경우라면 '서로가꿈' 섹션의 해당 그룹이나 개인 페이지에 이를 미리 기록하고 후에 이를 참고하면 된다.

혹 약속이 취소되면 오른쪽 메모 란에 그 변경 상황을 적을 수 있고, 장소나 시간을 꼼꼼히 적어야 하는 사항이라면 3) '세부일정' 페이지에 적으면 된다. 월초에 중요하고 적을 것이 많은 내용은 이 세부일정에 적어 놓으면 도움이 된다(그림 7).

4) '이레갖춤'은 '하루가꿈' 섹션의 첫 여섯 쪽에 걸쳐 제공된다.

이레(7일)을 잘 갖추도록 돕는다는 의미다. 학생이라면 가장 유용하게 쓸 수 있겠다. 직장인, 주부라 하더라도 일주일 동안 고정적인 패턴을 갖는 일들이라면 이곳에 적으면 된다. 흔히 말하는 주간 수업 시간표와 동일하게 활용하면 되므로 별도의 용례를 여기서 제공하지는 않겠다. 하지만 학생이라면 이 '이레갖춤'과 다음에 소개되는 '열매가꿈'은 함께 이용하여 과목별로 적용하면 단순한 수업 시간표 이상의 효과를 거둘 수 있으리라 기대한다.

세상과의 관계 가꾸기 (열매가꿈)
– 과업의 리듬과 하모니가 보이는 오선지

●○● 하나님께 올려 드릴 영원히 향기로운 제물로서 삶의 열매가 꿈이기에 청지기로서 열매를 가꾸자는 의미의 '열매가꿈' 섹션은, 직장과 학교는 물론 가정과 교회 등 내가 일하고 있는 사회 속에서 내가 맡은 '일'들을 약간 긴 호흡으로 기록하고 관찰하는 공간이다. 학생이라면 학업이, 직장인이라면 소속부서에서 맡겨진 업무가, 교회나 선교 단체의 사역자라면 곧 다가올 공동체의 행사 중 내가 섬기는 영역이, 전문적인 프리랜서라면 이번에 맡게 되는 어떤 프로젝트가 '열매가꿈'으로 기록을 관리할 대상이 된다.

'열매가꿈'에 기록을 남기는 기본 구조는 의외로 간단하다. 일종

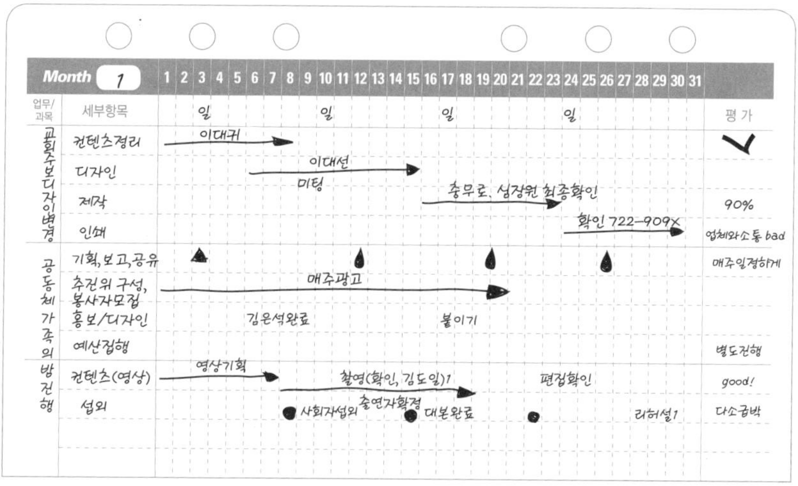

● 그림 8

의 프로젝트 진행 상황판과 흡사한 모습을 지녔다(그림 8). 하나의 과업 아래 몇 개의 하위 업무가 있고 이 업무들이 한달 정도의 시간에 걸쳐 어떻게 시작되고 마무리되고 서로 연결되는지를 입체적으로 기록해 넣으면 된다. 양쪽 화살표를 이용해 어떤 업무의 개시와 마감을 정하는 것이 일반적이다. 필요하면 해당 날짜에 색칠을 해도 좋고 체크 표시를 해도 무방하다.

대학생의 경우라면 학기당 세 과목 정도의 중요 과목을 선정하고 각 과목의 수업 일자, 시험 일자, 과제 제출 마감일, 팀 미팅 일자 등등을 미리 기록해 넣고 그러한 기준일 사이에 며칠 정도를 어떤 일에 투여하여 다음 일이 진행되도록 도울 것인지를 계획하고, 그 계획 가운데 과목별로 부딪히지 않게 시간 배분을 하는 것이다. 대개 매주 초 혹은 매주 말에 이런 저런 과목마다 과제 제출 일정이 몰려 있다면, 그것을 예상하고 미리미리 준비하거나 다소 일정을 완화시키고, 혹 월말에 마감되는 프로젝트들도 몰려 있을 테니 적절한 교통정리가 필요할 것이다. 영업직 직장인의 경우라면 분기당 서너 군데 거래처를 주요 공략 대상으로 정하고, 몇몇 관련 인사들와의 만남을 계획해서 일정에 올리고 그 만남들 사이의 간격을 설정하고, 내가 가진 정서적인 에너지를 잘 분배할 수 있도록 계획하는 것이다.

이곳에는 교회 공동체의 일원으로 이대귀 님이 맡아 진행한 두 가지 사역을 예로 보였다. 한 달이라는 긴 호흡으로 볼 때, 하나의 사역이 어떤 기획 단계를 거치고, 어떤 보고와 협의를 거쳐서, 어떤 이들의 협력으로 진행되고 매듭짓고 또 마무리되는지를 보게 된다. 다른 이들에게 보이려고 기록하는 것이 아니기 때문에 나만의 언어로 정리할 수도 있다. 각각의 프로젝트를 주목할 때는 그 프로젝트를 시간의 흐름에 따른 동영상으로 그려낼 수도 있고, 여러 프로젝트를 함께 관찰하고 싶을 때는 어느 특정 시간을 기준으로 보는 한 장의 정지 화면으로 그려낼 수도 있다. 일례로 1월 12일 상황을 끊어서 단면으로 관찰한다면, 디자이너와의 기획 회의, 광고 담당자에게 광고 부탁, 촬영 담당자에게 진행사항 확인, 사회자 섭외 여부 확인, 작가와의 대본 집필 상황 점검 등등이 그 화면에 등장하는 인물 및 벌어지는 장면들이 될 것이다.

이 '열매가꿈'은 여러 가지 월별점검표로도 사용할 수 있는 외모를 가지고 있다. 예를 들면, 직원별 출근부나 큐티생활 점검표처럼 매일 체크할 것들을 해당일의 작은 칸에 표시를 하며 활용해도 좋다. 다이어트 하는 분은 매일 아침 몸무게를 메모하는 란으로, 운동하시는 분들은 줄넘기 횟수나 팔굽혀펴기 회수를 써넣는 공간으로, 당뇨가 있으신 분은 매일 혈당 수치를 기록하는 곳으로 삼아도 좋다. 어떻게 디자인 되었던 간에 유익한 용도로 잘 쓰여질 수 있다면 그것으로도 큰 만족이다.

사실 여러 상황과 업무를 일목요연하게 정리해서 표현하는 것은 중요하다. 대개 사람들은 그 모든 상황을 파악하고 장악하기 위해서 그런 작업을 진행한다. 그렇지만 '열매가꿈'의 주된 관심은, 각 업무들이 어떻게 흘러가고 있는지 파악하되 언제 어느 정도 나의 에너지가 집중적으로 필요한지, 지금은 얼마나 그 일에 속도를 내야 하는지, 내 일상에 어떤 일들이 함께 동반되고 있는지 돌아보는 데 있다. 업무의 강약 조절과 지속시간 안배, 빠르기 조절 및 동시에 수행해야할 업무의 종류로 해석한다면, 이는 업무에 있어서 리듬과 템포와 하모니인 셈이다. 이렇게 '열매가꿈'을 일종의 악보로 해석할 수 있다면 '세상과의 관계'를 가꾸는 삶은 잡음과 소음에 지배당하지 않기 위해 씨름하는 것을 넘어서서, 화음을 연주하는 삶을 기대하며 가꾸는 과정이 될 것이다.

예배 가꿈

얼

하나님과의 관계

journal

worship

예배가꿈 *worship* 년 월

밤읊과 새김 말씀묵상, 깨달음

일 요일

일 요일

일 요일

일 요일

일 요일

일 요일

서로 가꿈

울

이웃과의 관계

tuner

relationship

친필 메모 • Signature

photo

함께한 자취

information

이름	전화	이메일	생일

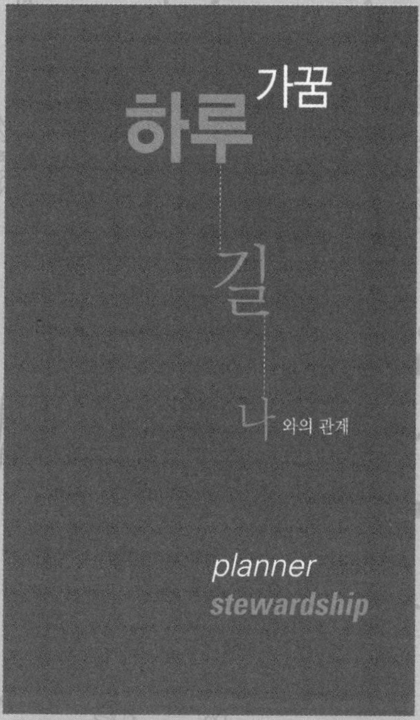

하루 가꿈
길
나와의 관계
planner
stewardship

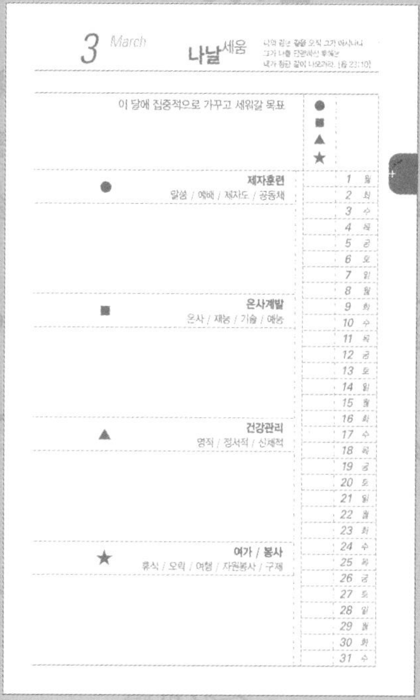

3 March
나날세움
나의 가는 길을 오직 그가 아시나니 그가 나를 단련하신 후에는 내가 정금 같이 나오리라. [욥 23:10]
이 달에 집중적으로 가꾸고 세워갈 목표
제자훈련
말씀 / 예배 / 제자도 / 공동체
은사계발
은사 / 재능 / 기술 / 예능
건강관리
영적 / 정서적 / 신체적
여가 / 봉사
휴식 / 오락 / 여행 / 자원봉사 / 구제

열매 가꿈
땀
세상과의 관계
manager
workmanship

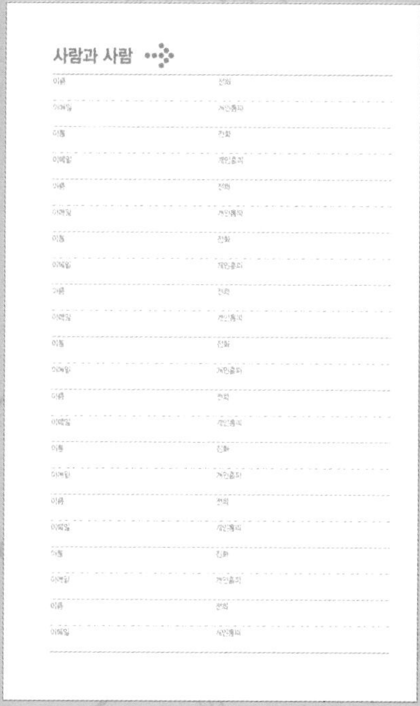

사람과 사람

Calling Life Builder

세월을 아껴야 하는 진짜 이유

REDEEM THE KAIROS

Chapter 7

CHAPTER 07 REDEEM THE KAIROS

고지론(高地論)과 청부론(淸富論)

●○● 이 글의 제목인 '고지론'高地論과 '청부론'淸富論은 현재 높은뜻숭의교회의 김동호 목사님의 대표적인 설교 메시지와《깨끗한 부자》라는 저서의 주요 내용에 붙여진 닉네임이다.

김동호 목사님에 대한 기억은 내가 대학 4학년이던 1989년 가을로 거슬러 올라간다. 시계시간에는 늘 자신이 없지만 장소는 분명 서울 한양대학교 노천극장이었다. 당시엔 영락교회 교육 담당 부목사였던 목사님은 복음 · 민족 · 역사 대회로 명명된 대학생 연합집회의 캠퍼스 대회 강사로 오셨다. 집회 초반까지 멀쩡하던 앰프시스템이 정전으로 힘을 잃으면서 급기야 설교 시간은 마이크 없이 진행될 수밖에 없는 상황이었다. 이 당황스러운 상황에서 김 목사님은 침착함을 잃지 않으시고 도리어 500명이 넘게 모인 학생들에게 노천극장 마당 한가운데로 내려와 당신 주변으로 모여 달라고 부탁하셨다. 목사님은 주최 측이 마련한 메가폰도 마다하시고 육성으로 말씀을 이어 가셨다. 목청이 좋은 편이 아니셨지만 나지막하면서도 심지 있는 목소리로 메시지를 전해 주셨고, 학생들은 촛불을 들고 숨을 죽이며 노천강당에 퍼지는 말씀에 귀 기울이고 있었다. 설교자의 권위, 요즘 표현으로 한 사람의 내공과 포스를 느낄 수 있었던 자리였다.

그리고 이후로 몇 번 더 목사님을 만났다. 거의 모두 청년들을 위한 자리에서였다. 주최 측의 홍보 부족으로 다섯 명도 안되는 대학생들이 모인 자리에서도 수백 명을 앞에 두고 하시듯 열정적으로 말씀을 전하시기도 하셨고, 강사 사례비도 없는 모임에 자청하여 오셔서 도리어 음료수 값을 내고 가신 적도 있었다. 최근까지 미국유학생수련회KOSTA/USA, KOrean STudent All nations USA에서 전체 집회 설교를 맡지 않으셨어도 소그룹 상담을 자청해 새내기 유학생과 더불어 삼삼오오 모여 앉아 복음과 구원에 대해 찬찬히 설명해 주시던 모습도 기억난다.

김동호 목사님이 동안교회를 담임하시던 시절엔 노래운동을 하던 동료 후배들과 함께 공연 후원을 요청하러 찾아뵌 적이 있었는데, 그때도 밥을 사주시면서 '운동을 시작했으면 10년은 해야 하고, 10년을 꾸준히 하면 열매가 있는 법'이라며 격려해 주셨다. 2001년에는 학원복음화협의회 주최로 고형원 선교사님이 이끄는 부흥한국 팀을 초청하여 열린 청년학생 리바이벌 대회가 경희대 노천극장에서 열렸다. 이때 역대 최대 인파인 3만 명이 모였다. 김동호 목사님이 주강사였는데 이 모임에서 청년 학생 사역에 대한 강렬한 부르심을 받고 담임 교회였던 동안교회를 사임하고 청년들을 위한 사역을 위해 높은뜻숭의교회를 개척하기로 결심하게 되었다고 하셨다. 당시 각종 청년집회의 단골 주강사로 초청되셨던 김동호 목사님의 설교 레퍼토리에서 빠지지 않고 등장하는 것이 바로 '고지론'이었다. 그 설교의 요지는 대강 다음과 같았다.

"이 세상의 중요한 영역은 이미 세속적 리더십들이 장악하고 있다. 이 영역을 탈환하는 것은 마치 전투에서 고지를 점령하는 것과 같다. 고지를 탈환하기 위해서는 고지의 병력보다 수배 많은 병력이 필요하다. 이 땅에 많은 그리스도인들이 영향력을 발휘하지 못하는 것은 고지를 점령하지 못했기 때문이다. 이제 자라나는 젊은 세대들은 힘써 각 영역으로 진출하여 그리스도인으로서 영향력을 발휘하라. 그래서 대학 시절은 중요한 것이다. 미래를 위해 투자하는 것을 주저하지 마라. 목회자나 선교사로 헌신하는 것만이 능사가 아니다. 은사를 따라 각 분야의 최고 전문가가 되어야 한다."

내게 있어서도 김동호 목사님의 가르침은 그 무게가 대단했다. 가까이서 대화하며 모습을 뵐 수 있는 기회가 종종 있었기에 그분의 진정성을 의심하지 않는다. 다만 그분의 메시지를 그릇된 동기로 오용하는 이들에 대해서는 단호하게 틀렸다고 이야기하고 싶었다. 그래서 나는 1997년 12월 월간 〈복음과 상황〉에 기고했던 '스물두 살의 작은 예수들에게'라는 글에서 그 불순한 동기에 대해 일갈했었다.

"우리는 성공을 위해 자신의 시간을 쓰려고 '고지론'을 들먹일 때가 더 많다는 것을 자성해 보아야 한다. 교회 안의 기성세대들의 바람 역시 이와 유사하다. 각 분야의 최고 전문가가 되지는 못하더라도 적절한 단계를 밟아 사회에서 인정받을 수 있는 최소한의 지위를 확보하라는 것이다. 그래야 교회를 위해 기여할 수 있고 선교 사업에 힘쓸 수도 있고 비그리스도인들에게 빈정거림도 받지 않을 수 있다. 대학 입시의 성공을 위한 특별 기도회, 각종 승진에 따른 감사 헌금 등은 이러한 이데올로기에 대한 암묵적 동의하에 이루어지는 신앙의 행태들이다. 우리 모두는 잘 안다. 특출한 능력이나 부모의 도움 없이 이 사회의 중류층의 지위와 중산층의 경제력을 확보하기 위해서는 얼마나 바득바득 애써야 하는지, 그리고 남을 돕고 이웃에게 베푼다는 가치는 그 과정에서 얼마나 사치스러운 선택으로 놀림을 받는지 말이다. 뻔뻔하게도 '고지론'을 가장하여 종교적으로 교묘히 포장된 자아실현과 입신양명의 야망이 그 자리를 차지하고자 한다면 이는 황무한 이 땅을 더욱 피폐케 하는 죄악이 될 것이다."

한편 김동호 목사님의 《깨끗한 부자》는 2001년 출판되어, 현재까지도 꾸준히 팔리고 있는 스테디셀러로 '기독교인은 가난해야 한다'는 당시의 고정관념을 깨뜨리며 화제가 됐었다. 김 목사님은 이 책에서 돈 자체를 죄악시하여 마치 청빈이 기독교인들이 가져야 하는 미덕인 것처럼 주장하는 논리를 일축하는 한편, 부자가 되는 것이 크리스천의 축복인 양 착각하는 기복적 신앙관을 동시에 비판했다. 결론적으로 기독교적 원리를 따라 깨끗하고 떳떳한 부자가 되어야 한다고 강조했다. 이것이 이른바 '청부론'이다.

> "부자가 되는 것을 신앙과 인생의 목표로 삼지 않는 한, 우리에게 다른 특별한 이유가 없는 한 하나님은 우리가 가난한 사람으로 살기보다 부자로 넉넉하게 살기 원하신다고 생각한다(61쪽). 삶의 의미와 목적을 세상과 소유에 두고 사는 사람은 낙타가 바늘구멍으로 들어가는 것이 거의 불가능한 것처럼 천국에 들어가는 것이 불가능할 것이다. 반대로 삶의 의미와 목적을 소유에 두지 않고 하나님 안에서 인간답게 존재하는 데에 두고 사는 사람은 구원을 얻게 될 것이다. 죽어서만 천국에 들어가는 것이 아니라 이 땅에서도 천국의 삶을 살게 될 것이다(69쪽)."
>
> —《깨끗한 부자》중에서

'고지론'과 관련해서 나는 사람들의 동기를 안타까워했지만 '청부론'에 있어서 요즘 난 '부'의 속성에 대해 무지한 사람들에게 어떻게 해야 부의 속성을 제대로 알려 줄 수 있을지를 고민하고 있다. 특별히 축적된 자본을 통해 얻어지는 부는 성실한 노동에 의해 성취되는 부와는 그 속성이 달라서 근본적으로 뿌리가 악하다. 그리고 그 성실한 노동마저 구조적인 악 속에서는 역시 그 근원이 악하다. 즉, '부자는 악할 수 있어도 부는 중립적이기 때문에 양심적인 부자는 비난받으면 안 된다'라는 논리는 근거를 잃게 된다. 부가 형성되는 과정은 그 속성상 대부분 역사적으로 악했고 그 사슬이 지금도 유지되고 있기 때문이다.

유학 시절 내가 미국에서 만났던 쌩쌩한 30대 MBA 학생들은 그들 나라가 누리는 부와 세계시장에서의 영향력이 첨단 기술력과 선진 경영기법 및 자본 조달 능력 등 그들 고유의 경쟁력에서 비롯되었다고 착각하고 있었다. 그러나 그들과 토론하며 내 짧은 영어로 미국이 어떻게 자본을 축적했는지 그 역사를 언급했을 때 그들은 유구무언이었다. 즉, 인디언들의 토지와 자원을 수탈한 역사 위에 노예들의 노동력을 착취한 농장에서 부를 축적해 거대 자본을 이루고, 이 거대 자본이 산업기술 개발의 동력이 되고 금융시장을 형성하여 세계적 브랜드와 다국적 기업을 탄생시킨 것이기 때문에, 미국의 국부國富는 태생적으로 장물과 다를 바 없다는 내 주장을 감히 반박하는 이가 없었다. 물 건너서 유학 온 작은 몸집의 동양인이 자기네 수치스런 역사를 속속들이 알고 있다는 사실에 기분 나빠했다.

나는 적어도 하나님 앞에서 깨끗하고 떳떳한 부자는 없다고 단언한다. 우리는 누구나 약간의 야망, 약간의 욕심, 약간의 질투, 약간의 불의, 약간의 둘러댐, 약간의 타협, 약간의 외면 등을 통해 우리가 얻고 싶은 것을 얻어 간다는 것을 부정할 수 없다. 자기의 정당한 기득권을 지키고 싶어 하고, 더욱이 자기보다 능력이 부족한 사람과의 경쟁에서 밀린다는 것은 상상조차 하기 싫어한다. 그래서 나는 '깨끗한 부자'보다 '겸손한 부자'라는 말로 부자들의 거듭남을 표현해 주어야 한다고 생각한다. 공정한 과정을 통해 정당하게 벌어서 넉넉히 나누고 남은 부는 자유롭게 누리게 해주는 것이 '깨끗한 부자'에 대한 묘사라면, 아무리 깨끗한 과정을 통해 부를 성취했더라도 자기는 무익한 종이고 용서받은 죄인일 뿐이므로 스스로 주장할 떳떳함이 없기에 더욱 필요한 곳에 자신의 물질을 주저 없이 나눌 수 있는 이가 '겸손한 부자'라고 하고 싶다. 반대로 아무리 청빈의 덕을 쌓아도 그 속내가 자기의自己義로만 충만하다면 그것 또한 하나님 앞에서 괘씸하기 그지없는 짓일 것이다. 실상 본질적으로 보면 김동호 목사님은 하나님을 경외하는 이런 겸손한 부자를 '깨끗한 부자'라는 표현으로 지칭하신 것은 아닐까 싶지만, 사람들 앞에서 떳떳하게 부를 누릴 수 있다는 부분이 다소 부담스럽다. 왜냐하면 사람 앞에서 겸손치 않은 이들이 어찌 하나님 앞에서 겸손할 수 있을까 하는 생각 때문이다.

소위 시간관리라는 분야에서 절약과 합리적인 사용이라는 미덕은, 재정관리에서처럼 두말할 나위 없이 부동의 '선'으로 여겨져 왔다. 하지만 나는 이 책의 마지막 장에서 시간 절약의 동기에 대해, 그리고 시간의 속성에 대한 무지에 대해 이야기해 보려고 한다. 다시 말해, "사람들은 왜 시간을 아끼려고 하는지" "어떤 삶이 과연 떳떳하다 말할 수 있는지" 질문해 보려고 한다.

알뜰과 검소의 차이

●○● 중고품 수집 인생의 동반자인 내 아내는 학부에서 사회사업social work을 전공했다. 그래서인지 아내의 대학 동기들도 다들 소박하고 검소한 스타일이었다. 대학 졸업사진을 찍을 때도 다른 학과 친구들과 달리 다들 수수한 옷차림으로 나왔다고 한다. 화려하고 치장하기 좋아하는 보편적인 여대女大 문화에서 당시 사회사업학과는 저렴(?)한 스타일을 고수하는 것이 자연스러운 그룹이었던 게다. 아내 말로는 특수교육학과도 만만치 않았다고 한다. 마흔이 다된 아내의 친구들의 요즘 모습도 크게 다르지 않은 듯하다.

난 그래도 전자제품이나 자동차 액세서리 등에 대해서는 이따금 안목眼目의 정욕情慾이 발동하지만, 아내는 딱히 탐내는 분야도 없이 바겐세일에서 좋은 물건 하나 건지는 것만으로도 아주 행복해한다. 쇼핑몰도 그저 둘러보는 재미로 가자 하니 안심이 되면서도 미안한 마음이 든다. 유학 생활 중 아내는 김영봉 목사님이 쓴《바늘귀를 통과한 부자》라는 책을 탐독했다. 이 책은 나눔을 위한 부자 됨을 '영성적 가난'이라고 정의하며, 떳떳하게 잘 벌어서 하나님 위해 보란 듯이 쓰겠다는, 님도 보고 뽕도 따는 부자를 꿈꾸는 이들에게 일침을 가하는 내용이었다. 2003년에 일리노이 주 시카고에서 열린 미주 코스타KOSTA에서 김영봉 목사님을 직접 만날 수 있었다. 강사 모임을 마치고 차를 나누며 함께 이야기하게 되었는데 이런 내용이었다.

"목사님, 사회사업을 전공하고 구호단체 간사로 일했던 제 아내가 종종 '검소한 생활양식'simple lifestyle에 대해 후배들에게 강의를 할 때 마지막에 강조하는 게 있는데 목사님 생각과 참 비슷했어요."

"?"

"그건 '알뜰'과 '검소'의 차이인데요."

"??"

"둘 다 절약하는 태도라는 점에서는 비슷합니다. 하지만 '알뜰'은 자신의 미래를 위해 현재의 씀씀이를 줄여 사는 것을 이야기하고요, '검소'는 지금 이웃들과 나누며 살려고 자신의 삶을 더욱 단순화하는 것을 의미한다고 구분을 하더라고요."

"!!!^^"

그렇다. 알뜰하다는 것은 나 자신의 미래를 대비하고 나의 가치를 높이기 위해 현재의 욕구를 조절하는 것이라고 정리할 수 있다. 예를 들면 좀 더 큰 집으로 이사 가기 위해서 청약 상품에 가입한다든지, 유학 자금을 마련하기 위해서 투잡two jobs을 뛰거나 한동안 외식을 줄이는 긴축 가계를 운영하는 등의 행위를 수식할 수 있는 단어가 '알뜰'이다. 절약의 종착점에 있는 사람은 바로 나 자신이며, 절약에 대한 동기를 부여하는 것도 나의 업그레이드다.

반면 검소하다는 것은 알뜰과는 달리, 무언가를 준비한다는 것과는 관계없이 삶 자체가 간소하기에 굳이 절약할 의지를 발휘하지 않아도 가장 적은 비용이 드는 삶을 살게 되는 것이라고 정의할 수 있겠다. 물론 빈핍하여서 소비력 자체가 아예 없는 것을 이야기하는 것은 아니다. 다만 검소하다는 것은 내게 주어진 몫에서 이미 상당한 부분을 의미 있게 나누었기에 내가 사용할 수 있는 몫 자체가 적은 상태라는 것이다. 이는 많이 벌어서 기부를 많이 하기에 자신을 위해서는 상대적으로 적은 지출을 한다는 것으로 해석될 수도 있지만, 삶 자체가 '성공 지향적'이지 않고 '나눔 지향적'이기 때문에 돈벌이에 투자되는 시간과 노력보다 주변을 돌보는 부분에 나누어지는 시간과 노력이 많아지면서 자연스럽게 벌어지는 현상으로도 볼 수 있다.

우리 부부는 알뜰한 삶은 결코 심플할 수 없다는 결론을 내렸다. 알뜰한 삶은 한 푼이라도 아끼기 위한 더 복잡한 가격 비교와 조건 비교가 동원되는 삶이며, 미래의 목표를 성취하기 위해 일분일초도

허비해서는 안 되는 빡빡하고 복잡한 삶이 될 가능성이 많다고 판단했다. 한편 만일 우리의 삶이 진정 심플해져서 하나님이 허락하신 목적에 집중하는 삶을 살게 된다면, 이는 자연스럽게 검소한 삶이 되며, 나의 소유에 연연하기보다는 세상의 필요에 함께 공감하는 삶으로서 하나님의 기준에서는 훨씬 더 건강한 삶이라는 깨달음을 얻게 되었다. 그러고 보니 알뜰과 검소는 사실 돈의 문제가 아니고 시간 사용의 문제인 셈이다.

아내와 이런 종류의 대화를 나누다 보니 조금 더 나아가 '소박'한 삶에 대해서, '검소'한 삶에 대해서, 또 '궁색'한 삶에 대해서도 이야기를 나누게 되었다. 우리가 다다른 결론은 이런 것이었다. '소박'한 삶이란 이 세상의 부요함과 화려함을 경험하지 않았기에, 즉 그런 것이 어떤 것인지를 잘 모르기에 자연스레 영위하게 되는 단순한 삶이라는 것이다. 고급 승용차의 안락함이나 고급 패밀리 레스토랑의 풍미를 접한 적 없이 보리밥과 산채를 먹으며 걸어 다니는 산촌의 아낙들의 삶은 '소박'한 삶이다. 반면 '검소'한 삶은 그것이 무엇인지 알고 겪어 보았지만 그것을 탐하지 않고 내 분수에 어울리지 않다고 결단한 이들의 의지적인 삶이라고 정의했다. 안심 스테이크의 맛도 알고 호텔 로비의 화려함도 알지만 그러한 취향을 정중히 거절하는 삶이 '검소'다. 이런 검소한 삶은 일상의 싸움이 계속되는 삶이기에, 모르는 게 약이라는 측면에서 소박한 삶은 어찌 보면 축복이라 하겠다. 그러나 이런 의미의 검소한 삶을 사는 이들이야말로 진정 치열한 내면을 지닌 사람들이다.

한편 '궁색'한 삶은 자신의 욕구를 채우려고 낭비한 것 때문에 결과적으로 주변 사람들에게 인색해지는 삶이라고 보았다. 예를 들면, 자존심 때문에 명품을 사버린 평범한 주부가 시장에서 몇 백 원 깎으려고 흥정하고 집에 와서 아이들 용돈을 삭감하는 경우다. 동창들에게 술값으로 한턱 쏜다고 상당한 액수의 신용카드를 긁은 샐러리맨이 쓰레기봉투 값 아끼겠다고 아파트 단지 쓰레기통에 집안 쓰레기를 몰래 버리는 경우도 눈살 찌푸려지는 풍경이다. 결론적으로 '궁색'보다는 '알뜰'이, 그보다는 '소박'함이, 나아가 '검소'함이 가장 건강하다는 결론을 갖게 되었다.

종종 아내는 대책 없는 내 인생을 사회사업적으로 돌보기 위해 내 프러포즈를 받아들였다고 날 놀리곤 한다. 돌아보면 아내 덕분에 내 삶이 더 흐트러지지 않고 중심을 잡을 수 있었다는 생각에 그 놀림이 가끔 진지하게 들릴 때도 있다.

지금도 아내는 몸담은 번듯한 직장은 없지만 사회사업가로서 전문적 직업은 있다. 아동성폭력을 방지하기 위해 유아교육기관을 방문해서 아이들에게 자기 몸을 지킬 수 있도록 가르치는 아동 권리교육 강사로, 세계의 빈곤과 기아문제를 환기시키며 어릴 때부터 이웃을 돕는 습관을 가르치는 세계시민교육 강사로, 미혼모와 낙태 문제를 예방하기 위해 고등학교 졸업반 학생들에게 사랑과 성을 안내해 주는 예비 부모 교육 강사로, 어린이와 청소년 자녀들을 둔 부모들이 평화로운 가정을 이끌 수 있도록 돕는 부모 자녀 대화법 강사로 일주일에 몇 번씩 동분서주한다. 물론 함께 섬기는 교회에서는 대학생 시절부터 근 20년을 어린이부 교사로 봉사하고 있다. 교통비와 식사비 정도의 강사료에 만족하며 사회의 필요에 응답하고 있는 아내의 삶이야말로 '성공 지향적인 알뜰한 삶'이 아닌 '나눔 지향적인 검소한 삶'이라고 칭찬하고 싶다. 누가 날 팔불출이라고 놀리든 말든.

모든 그리스도인의 공통적인 소명
– 서로 사랑하기

●○● 우리는 일반적으로 예수님의 '지상명령'至上命令, The Great Commission을 생각할 때 마태복음 28장의 "모든 족속으로 제자를 삼으라"는 명령과 사도행전 1장의 "땅끝까지 증인이 되리라"는 약속의 말씀을 떠올린다. 그러나 요한복음 13장의 서로 사랑하라는 새 계명을 이 범주에 포함시키지는 않는다. 하지만 어느 때부터인지 내게는 이 계명이 더 크고 높은 차원의 명령으로 여겨졌고, 그 내용으로 노래를 지어서 공연에 올렸던 1994년부터 나는 '지고의 명령'至高命令, The Highest Commandment이라는 단어로 새 계명을 이야기하곤 한다.

"서로 사랑하라"라는 새 계명(요 13:34, 15:12~17)에서 서로ἀλλήλους(알렐러스)란 말은 사소한 수식어가 아닌 새 계명의 질적 차이를 나타내는 말로서 '그리스도의 속죄의 사랑에 근거한 사랑'임[3]은 물론 '공동체적인 계명으로서의 사회적 의미'를 지니고 있다[4]고 할 수 있다. 즉, 구약의 "네 이웃을 네 몸과 같이 사랑하라"라는 계명이 개인적인 계명이라면 "서로 사랑하라"라는 계명은 제자 공동체와 교회 공동체에 주어진 한 차원 높은 계명이라는 것이다. 교회 공동체의 성장으로 하나님 나라를 이루시는 구속사의 관점에서 볼 때도 공동체적 계명으로서 이해하는 것이 합당하다.

그렇다. 이웃을 네 몸과 같이 사랑하라는 계명은 서로 사랑하라는 예수님의 새 계명으로 업데이트 아니 업그레이드되었다. (이웃)사랑 1.0 시대에서 (서로)사랑 2.0 시대를 선포하신 것이다. 사실은 원초적 의미를 다시 찾은 셈이다. 그런데 앞서 정돈한 바처럼 그 중요한 질적 차이는 서로 사랑하라는 계명이 개인의 노력만으로는 도저히 지킬 수 없다는 점이다. 누굴 사랑하는 것에 그치지 않고 사랑을 받으라니 말이다. 근데 이게 어디 쉬운 일인가? 두 사람이 서로 사랑하고 사랑 받으려면 두 가지 경우의 수만 만족하면 되지만 세 사람이면 서로서로 6가지 경우의 수, 열 사람이면 90가지 조건을 만족해야 한다. 서른 명의 공동체가 모두 서로 사랑하려면 870가지의 쌍방

3 박윤선, 〈성경주석(19)〉, 영음사, 1991
4 한의신, 〈성서주석〉, 대한기독교서회, 1993

향의 사랑의 조건을 다 만족시켜야 하고, 그때서야 비로소 그 공동체는 이 계명을 온전히 지키게 된다.

물론 훈련받은 소수의 신실한 공동체는 이따금 그런 지상천국을 경험할 수도 있을 것이다. 하지만 그것도 잠시, 이내 우리는 갈등하고 시기하며 경쟁하고 상처받는다. 더구나 공동체를 벗어나기라도 할라치면 그 고통은 서너 배 증가한다.

사실 난 "서로 사랑하라"는 지고의 명령이 온전히 지키기 불가능하도록 설계된 하나님의 장치인 줄 알았다. 마치 마태복음 5장에서처럼 음욕을 품으면 간음한 것이고 형제를 보고 욕하면 살인한 것과 마찬가지라는 율법의 엄격함을 보여 주면서, 우리는 계명적으로는 구제불능의 존재들이니 은혜로만 살아야 한다는 것을 한 번 더 강조하시기 위한 것은 아닐까 생각했다. 그러나 "그럴 것이라면 굳이 새 계명이라는 타이틀을 달아서 예수님이 친히 명을 내리실 것은 또 뭐람" 하는 의구심이 떠나지 않았다. 그러나 나는 요한복음의 나머지 장들을 보면서 우리가 그 계명을 지키도록 하기 위한 예수님의 깊은 배려를 깨달을 수 있었다.

새 계명을 명하신 부분에서 얼마 지나지 않아 요한복음 15장의 포도나무 비유에서 예수님은 "내 안에 거하라. 나도 너희 안에 거하겠다"고 약속하신다. 나는 이 비유가 서로 사랑하는 것이 불가능해 보이는 우리에게 한 가지 길을 보여 주신다고 생각했다. 서로 사랑할 수 없는 인격일지라도 주님 안에 함께 거하면 서로 사랑하는 열매를 맺게 된다는 비밀이었다. 돌아보니 나도 사춘기 시절 서로 헐뜯고 미워하던 동생들과 함께 청년부 겨울 수련회에 참석해 모두가 하나님의 사랑을 뜨겁게 체험 이후 서로를 용서하고 자기 허물을 고백하고 평생 믿음의 형제자매로 살아가자고 손잡았었다.

요한복음을 또 한 장 건너뛰면, 예수님이 남겨 두실 제자들을 위해 기도하는 내용이 담긴 17장을 만나게 된다. 그 기도의 내용은 "아버지와 내가 하나인 것처럼 저들도 하나 되게 해주소서"라는 중보다. 간단히 말해 제자 공동체가 서로 사랑하게 해달라는 내용이다. 공생애 사역을 마치고 십자가를 앞에 두신 예수님께서 십자가의 쓴잔을 피하게 해달라는 기도의 무게와 동일하게 제자들의 하나 됨을 위해 아버지께 간구하신다. 전능하신 하나님의 아들이 사역의 마지막 순간을 앞에 두고 비천한 사람들 간의 사랑의 문제를 놓고 씨름하고 계셨던 것이었다. 우리가 그런 기도를 받을 자격이 있는 자들인지 살펴볼 때 부끄럽기 짝이 없다. 우리를 그렇게 기대하고 계셨다는 것에 죄송할 따름이었다.

감당하기 힘들기는 하지만, "서로 사랑하라"는 계명은 율법적으로는 불가능해 보일지라도 모든 그리스도인들이 주 안에서 애써 행해야 할, 힘써 살아가야 할 사명이자 소명이다. 그래야 세상이 그리스도인들이 진정 예수의 제자들임을 알게 되고 복음의 능력을 인정하게 되어 하나님께로 돌아오게 되는 지상 명령의 성취도 가능한 것이다.

이웃을 내 몸과 같이 사랑하되 서로 사랑하라는 새로운 차원의 계명을 주신 예수님은 그럼 과연 사랑해야 할 이웃이 누구인가에 대한 질문에 강도 만난 자의 비유를 드셨다. 강도 만난 자를 구해준 사마리아인이 강도 만난 자의 이웃이라는 그 가르침은, 강도 만난 자에게 자비를 베푼 사마리아인의 선한 행위에 머무르지 않고, 강도 만난 자가 잊고 있었던 사마리아인들과의 이웃 됨으로 나아간다. 사마리아인들은 유대인들이 역사적으로 왕따시켜 상종이 금지된 그룹이었다. 예수님은 사마리아인 공동체가 유대인 공동체와 이웃임을 제자들에게 에둘러 일깨우신 것이다.

이웃을 나보다 먼저 두는 것 역시 개인적인 윤리 덕목이 아니다. 그리스도인 공동체가 지녀야 할 공동체적 정신이다. 교회가 하나님의 하나님 되심을 타협한다면 이미 교회 됨을 포기한 것과 마찬가지로, 교회가 세상의 이웃이 되기를 주저한다면 이 역시 교회 됨을 포기한 것이다. 심지어는 교회를 향해 쓴소리나 악담을 퍼붓는 이들도 교회의 이웃이다. 확실히 강조하자면 변혁과 선교의 대상이기 이전에 사랑해야 할 이웃이다. 온 유대와 사마리아와 땅끝은 공히 예루살렘 교회의 이웃이었다. 사도행전에서 환상 중에 부정한 음식을 거부하다가 하나님이 깨끗케 한 것을 사람이 부정하다 하지 말라는 꾸짖음을 들었던 베드로의 깨달음과 할례받지 않은 이방인들도 하나님의 백성이 될 수 있다는 바울의 변론도 이 지점에서 상통한다. 예루살렘 초대교회의 나눔의 능력이 공동체 내부에만 머무르지 않았던 이유이기도 하다.

그리스도인의 공동체가 세상 안에서 각양 다른 공동체들을 이웃 삼기에 기꺼워하고 있는지, 나아가 그 이웃들에게 사랑을 행할 뿐 아니라 교회가 강도 만난 것처럼 무너져 있을 때에 그들에게 자비를 구할 수 있는 '이웃'으로서의 관계를 형성하고 있는지 자문해 봐야 할 것이다. 우리는 약 2년 전 아프가니스탄에서 강도를 만난 한국 교회를 변호해 주고 돕고자 이웃으로 나선 교회 바깥의 공동체가 없었음을 뼈아파해야 한다.

이웃 사랑에 기반을 둔 선교와 변혁은 머릿수와 돈으로 세력을 확장하는 것이 아니며, 문화적 역량과 매체력으로 주변인들을 계속 설득하는 것도 아니다. 무엇보다 공존과 소통, 상호 배려와 이해가 있어야 한다. 즉, 강자와 다수의 논리나 승자독식의 문화와는 거리가 멀다. 이웃은 사실 가장 가까이에서 서로 필요한 것을 부담 없이 부탁할 수 있는 관계를 말한다. 그리고 위기에 처했을 때 서로 SOS를 칠 수 있는 관계다. 우리의 공동체는 어떤 이들과 이러한 관계인가? 국가권력이 위기에 처했을 때 교회에 도움을 요청한다면 우리는 권력 집단의 이웃이고, 환경오염으로 삶의 터전을 잃은 태안 주민들이 위기에 처했을 때 교회에 도움을 요청했다면 우리는 민초들의 이웃이다.

서로 사랑하는 공동체는 그 공동체 안에 있는 연약한 자들의 약점이 다른 연약한 자들의 나눔으로 감당되어 누구도 낙오하지 않는 공동체다. 성경이 말하는 고아와 과부와 나그네는 그야말로 보장 자산이 없는 자들이었다. 개인적인 자본을 성실하게 축적하여 보장 자산을 만들어 가는 것이 공공연한 미덕인 한국 사회에서 예수님이 강추

하신 삶, 즉 보장 자산 없는 이들을 돌아보는 삶(사실 기쁨이 펑펑 넘치기보다는 다소 피곤하다)은 나 혼자만의 짐일까?

교회는 사회 안에서 다수일 수도 소수일 수도, 또한 권력에서 가까울 수도 멀 수도 있다. 그러나 한 가지 분명한 것은 교회는 사회적 갈등 속에서 약한 자의 요청에 더욱 민감하게 응해야 한다는 것이다. 전통적으로 약자란 정치경제적으로는 무산계급proletariat(주로 토지나 기타 재산을 소유하지 못한 노동자), 사회문화적으로는 소수자minority(여성, 장애인, 어린이 등등)들이다. 다만, 숫자적 소수의 편을 들거나 권력구조상 야당의 편을 드는 것과는 헷갈리지 말 일이다. 아무튼 약한 자들의 요청에 민감하기 위해서, 젊은 날에 그들 편에 서는 것을 자꾸 연습해야 할 일이다. 그러나 연습이 필요 없게 되는 경지가 있는데 그것은 바로 우리가 연약해지는 것이다. 교회가 연약해지는 것이다. 알뜰하게 훈련하고 양육하여 언젠가 대형교회가 되려고 하는 근본적인 메가 처치mega church 성향을 버리는 것이다. 교회가 연약할수록 예수 그리스도의 영향력이 왕성해지고 하나님께서 영광 받으시기에, 이러한 하나님 나라의 온전한 비밀을 전하는 공동체에 속해야 할 것이다. 아, 이 진리를 감당하려면 내가 사랑하는 한국 교회는 내공을 더 길러야 한다.

CHAPTER 07 REDEEM THE KAIROS

세상도 알고 있는 관계의 중요성

●○● 경영학 석사과정MBA은 사례연구case study 중심의 그룹 프로젝트가 수업의 주된 부분을 이룬다. 사례가 쌓여 일반화가 되면 하나의 이론을 이루고, 또 그 이론을 깨는 사례가 나오면 다시 새로운 경영학 이론의 출발점이 된다. 그중에서도 마케팅 분야는 사례의 보고寶庫이자 무덤이기도 하다. 마케팅 시간에 접했던 한 호텔의 고객 관리 사례를 하나 소개하고 싶다.

일본의 한 중소기업 사장이 출장차 미국 동부에 있는 R호텔에 투숙하였다. 체크인을 하고 방에 들어가서 묵으려니 미국 호텔의 침구들은 동양과는 달라서 몸에 익숙하지 않았다. 그는 호텔 서비스 담당에게 어눌한 일본식 영어로 문의한 끝에 다행히 조금 낮고 딱딱한 베개를 구하여 편하게 투숙할 수 있었다. 2년 후 이번에는 미국 서부 쪽으로 출장을 떠나게 되었는데, 2년 전 R호텔에서 발급받은 클럽카드를 이용해 같은 브랜드의 호텔을 예약해서 일정을 보내게 되었다. 지난 기억을 살려 호텔 서비스 담당에게 베개를 바꾸어 달라고 해야지 마음먹고 있었던 그는 예약된 방에 들어가서 침구들을 살펴보는 순간 작은 감동을 받았다. 이미 침대에는 자기가 오래전 사용했던 것과 동일한 베개가 놓여 있었고, 혹시 더 필요한 것이 있으면 연락을 달라는 일본어 메모와 일본어가 가능한 매니저의 연락처가 남겨져 있었다.

R호텔은 일본에서 온 사장에게 일어난 작은 사건을 그들의 고객 관리 데이터베이스에 기록해 넣는 시스템이 있었고, 당시 어떤 필요가 있었는지를 다음 방문 때에 적용하여 불편함을 겪지 않도록 했다는 성공 사례였다. 당연히 그 사장이 그 호텔의 장기 고객이 되었음은 두말할 필요가 없다. 소름이 돋지 않는가? 물론 요즘이야 이 정도 고객 관리는 동네 슈퍼마켓도 가능하다고 코웃음 치는 사람이 있을지 몰라도 그러한 고객 관리가 가능하게 된 시초에는 이러한 선구적인 기업들의 앞선 경영기법들이 있었던 것이다. 이러한 시스템적인 관리뿐 아니라 이미지를 통한 고객 관리 사례도 소개해 본다.

미국의 P항공 특송 회사의 사장이 어느 지역 물류 센터를 현장 점검하고 있었다. 전산 시스템의 지연으로 인해서 지정된 시간에 화물 운송 비행기에 실리지 못하는 물품들의 비율을 줄이자는 회의를 주재하다가, 마침 그날 누락된 물품 중 H은행의 부사장에게 발송되었지만 시스템 오류로 하루 가량 지연될 소포가 포함되어 있음을 보고받게 되었다. 사장은 회의를 바로 중단하고 직접 그 소포 박스를 들고 가장 가까운 공항에서 여객기 1등석 직항 편을 통해 H은행 본사를 찾아가서 반나절 정도 지연된 데에 대한 정중한 유감의 뜻을 전하며 소포를 전달했다. 도리어 H은행은 큰 감명을 받았고 고객의 피해를 최소화하기 위해 책임 경영을 실천한 CEO에게 감사패와 함께 최고 등급의 금융 혜택을 특송 회사 측에 부여하기로 결정했다.

사실 회사 내부의 시스템을 따랐더라도 특별 조치를 통해 반나절 정도를 아낄 수는 있었지만, 배달원 대신 회사의 CEO가 그 물품을 전달했다는 이미지가 고객 측에게 엄청난 인상을 남겼던 것이다. 이 사례는 이후 두 회사의 임원진들이 인간적으로도 친한 사이가 되었음을 암시해 주었다.

그렇다. 세상도 이미 축적된 기록의 힘을 알고 있고, 어느 면에선 관계가 과업보다 중요함을 알고 있다. 제조업과 유통업이 주를 이루던 초기 산업사회에는 같은 시간에 얼마나 많은 제품을 만들 수 있는지, 제 시간에 부품들이 도착하고 완성된 상품의 재고들을 적절한 양 만큼 관리하고 있는지 등이 관심사였다. 무엇이든 제때에 입출고되어서 시공간과 자원의 낭비를 없애야 했던 J.I.T.Just In Time 경영이 필요한 때가 있었다. 그러나 이제 산업의 흐름이 서비스업과 정보통신업, 금융업으로 점진적으로 변화하면서 마케팅과 고객 관리 시스템이 사업의 성패를 좌우하는 요소로 등장하게 되었다. 즉 고객과의 관계, 나아가 기업 안팎의 각종 이해관계자들과의 우호적 관계가 더욱 중요한 시대가 되었다.

이제 방법론을 따지던 노하우Know-How의 시대에서 그 방법과 관련된 고급 정보들을 어디서 구할 수 있는지가 중요시되는 노웨어Know-Where의 시대로 바뀌었다고 한다. 아울러 우리에게 필요한 것이 무엇인지 깨닫는 노왓Know-What의 시대에서 어떤 사람이 그 필요를 가르쳐주고 채워줄 수 있는지를 논하는 노후Know-Who의 시대가 되었다고 한다. 그래서 서점에는 인맥 관리에 대한 자기계발서들이 넘쳐나고, 인터넷에는 인맥을 연결해 주는 여러 서비스들이 등장하고 있다. 자기에게 가장 중요한 세 명, 나아가 열두 명, 나아가 마흔 명, 더 나아가 백 명의 알짜 인맥을 확보하고, 그들 중에서 나의 성공을 도와줄 사람을 발견하라는 가르침이 일반화되고 있다. 잘못하면 이 책도 그런 자기계발서의 일종으로 치부될지 모른다는 불안함이 엄습한다.

여기서 우리는 또 동기를 점검해 보아야 한다. 우리는 왜 관계를 소중히 여기는지, 그것도 하나님과의 관계부터 세상과의 관계에 이르기까지 모든 삶의 현상을 관계로 파악하고 내 삶을 가꾸어 보려 하는지 말이다. R호텔의 고객 관리 시스템이 지향하는 바는 일차적으로는 고객의 안락함이지만 궁극적으로는 호텔의 명성이다. P특송 회사의 사고 처리 시스템이 지향하는 바는 고객 불편의 최소화이지만 그 이면에는 기업 이미지 제고라는 목적이 있다. 높은 수익, 즉 돈이다. 결국 그 수많은 인맥 관리 서적이 권하는 방법의 중심에 누가 있는지를 통찰해야 한다. 내가 거기 서있다. 인맥 관리의 동기는 바로 나의 성공이지 않은가?

'과업중심의 시계시간 관리'가 '성공 지향의 알뜰한 삶'을 동반하듯, '관계중심의 사건시간 경영'은 '나눔 지향의 검소한 삶'을 동반한다. 이제 관계마저 세속적 성공을 위한 인맥 쌓기 도구로 전락할 수 있다는 위기의식을 가져야 한다. 그래서 "때가 악하다"는 사도 바울의 충고가 더욱 마음에 와 닿는다. 그렇다. 우리는 이제 우리의 삶을 잘 가꾸어야 하는 궁극의 이유를 물어야 한다.

그것이 바로 노하우Know-How, 노웨어Know-Where, 노왓Know-What, 노후Know-Who를 꿰뚫어 보는 노와이Know-Why인 것이다. 우리가 왜 관계를 통해 삶을 바라보아야 하는가에 대한 예수님의 답은 의외로 간단하다. 으뜸이 되고자 하는 이들에게 주시는 '섬김'이라는 역설적 진리이다. 하나님께서 우리에게 가꾸어야 할 귀한 관계를 허락하신 이유는 바로 '섬김'이었다.

그때에 세베대의 아들의 어머니가 그 아들들을 데리고 예수께 와서 절하며 무엇을 구하니 예수께서 이르시되 무엇을 원하느냐 이르되 나의 이 두 아들을 주의 나라에서 하나는 주의 우편에, 하나는 주의 좌편에 앉게 명하소서 예수께서 대답하여 이르시되 너희가 구하는 것을 알지 못하는도다. 내가 마시려는 잔을 너희가 마실 수 있느냐 그들이 말하되 할 수 있나이다. 이르시되 너희가 과연 내 잔을 마시려니와 내 좌우편에 앉는 것은 내가 주는 것이 아니라 내 아버지께서 누구를 위하여 예비하셨든지 그들이 얻을 것이니라 (중략) 너희 중에 누구든지 크고자 하는 자는 너희를 섬기는 자가 되고 너희 중에 누구든지 으뜸이 되고자 하는 자는 너희의 종이 되어야 하리라 인자가 온 것은 섬김을 받으려 함이 아니라 도리어 섬기려 하고 자기 목숨을 많은 사람의 대속물로 주려 함이니라 (마 20:20~28)

CHAPTER 07 REDEEM THE KAIROS

"카이로스를 구속하라"
– 악한 세대 속에서 발휘할 지혜

●○● 3장에서 하나의 사건이 정보와 지식의 단계를 거쳐 지혜에 이르고, 마침내 인생의 의미에 도달하는 과정에 대해 간략하게나마 살펴본 바 있다. 그런데 성경에 나오는 믿음의 선배들, 모세와 바울은 특별히 시간에 대한 '지혜'에 대해 이렇게 기도하고 권면했다.

우리에게 우리 날 계수함을 가르치사 지혜로운 마음을 얻게 하소서 (시 90:12)

그런즉 너희가 어떻게 행할지를 자세히 주의하여 지혜 없는 자 같이 하지 말고 오직 지혜 있는 자 같이 하여 세월을 아끼라 때가 악하니라 (엡 5:15~16)

우리는 이 구절들을 인생을 낭비하지 말고 촌음을 아껴서 유익한 일에 선용하라는 보편적인 가르침으로 늘상 받아들이곤 했다. 하지만 모세가 기도한 것은 우리가 우리 인생 가운데 영원한 시간을 바라보는 지혜로운 통찰력을 허락해 달라는 것이었다. 시편 90편의 내용들을 조금만 더 제대로 살펴보면, 이 고백이 시간을 아끼며 삶을 살게 해달라는 초보적인 기도가 아님을 간파할 수 있다. 모세는 반복해서 영원한 삶에 대해 이야기하고 있고 이 땅에서의 수고와 영화가 일시적인 것임을 직시하고 있었다. 그러기에 이 땅에서 유한하고 헛된 것을 계산하지 말고 영원한 것을 소망하는 지혜를 달라고 기도한 것이다.

산이 생기기 전, 땅과 세계도 주께서 조성하시기 전 곧 영원부터 영원까지 주는 하나님이시니이다 주께서 사람을 티끌로 돌아가게 하시고 말씀하시기를 너희 인생들은 돌아가라 하셨사오니 파멸로 주의 목전에는 천 년이 지나간 어제 같으며 밤의 한 순간 같을 뿐임이니이다 주께서 그들을 홍수처럼 쓸어가시나이다 그들은 잠깐 자는 것 같으며 아침에 돋는 풀 같으니이다 풀은 아침에 꽃이 피어 자라다가 저녁에는 시들어 마르나이다 우리는 주의 노에 소멸되며 주의 분내심에 놀라나이다 주께서 우리의 죄악을 주의 앞에 놓으시며 우리의 은밀한 죄를 주의 얼굴 빛 가운데에 두셨사오니 우리의 모든 날이 주의 분노 중에 지나가며 우리의 평생이 순식간에 다하였나이다 우리의 연수가 칠십이요 강건하면 팔십이라도 그 연수의 자랑은 수고와 슬픔뿐이요 신속히 가니 우리가 날아가나이다 누가 주의 노여움의 능력을 알며 누가 주의 진노의 두려움을 알리이까 (시 90:2~11)

바울이 권면한 것도 단지 '시계시간을 아끼라'Save the *Χρόνος*는 것이 아니고 '사건시간을 구속하라'Redeem the *Καιρός*는 것이었다. 비교하다 보니 사실 영어로는 아낀다는 표현이 구원하다는 표현과 같은 단어 'save'를 쓰고 있다는 사실도 눈에 띈다. 어쨌든 사건시간은 그냥 아껴서 구원할 수 있는 것이 아니라 무언가 대가를 지불하고 되사와야 하는 대상이다. 태초에는 온전한 모습을 가지고 있었지만 우리의 죄성으로 인해 함께 훼손된 피조물로서의 시간, 그리고 그냥 놓아 두면 더 흐트러지고 악해질 수 밖에 없는 관성을 지닌 피조계의 일부다. 그렇다. 시간은 언제나 인간의 삶으로 해석되기에 죄로 가득한 삶은 죄가 지배한 시간이며, 의를 구하는 삶은 의로움으로 채워진 시간인 것이다. 구속함을 입은 빛의 자녀인 하나님의 백성이 구속함을 받지 못한 어두움의 시간 속에 살기 때문에 그 삶이 모순과 갈등으로 점철된다. 우리의 속사람이 구원받은 것을 삶으로 증거하기 위해서는 각자의 시간 역시 하나님의 손에 붙잡혀야 한다. 어떤 대가를 치러야 하는가? 이미 치러졌다. 이 역시 십자가 구속의 은혜의 결과다. 우리에게 남은 것은 고백하고 행하는 것이다. 세월을 아끼라는 바울의 권면은 이러한 빛과 어두움에 대한 인식 가운데 이어진 것이었다.

> 너희가 전에는 어둠이더니 이제는 주 안에서 빛이라 빛의 자녀들처럼 행하라 빛의 열매는 모든 착함과 의로움과 진실함에 있느니라 주를 기쁘시게 할 것이 무엇인가 시험하여 보라 너희는 열매 없는 어둠의 일에 참여하지 말고 도리어 책망하라 그들이 은밀히 행하는 것들은 말하기도 부끄러운 것들이라 그러나 책망을 받는 모든 것은 빛으로 말미암아 드러나나니 드러나는 것마다 빛이니라 그러므로 이르시기를 잠자는 자여 깨어서 죽은 자들 가운데서 일어나라 그리스도께서 너에게 비추이시리라 하셨느니라 (엡 5:8~14)

세월을 아껴야 하는 진짜 이유는 말씀에 기록된 바대로 때가 악하기 때문이다. 결코 우리의 삶이 유한하기 때문도 아니요 그러기에 효율적인 삶을 살아야 하기 때문도 아니다. 우리는 영원한 삶에 맞닿아 있기 때문에 이 땅에서의 삶으로 승부를 보는 사람들이 아니다. 하나님은 이 땅에서도 영원한 삶을 맛보라고 하셨지 영원한 삶을 준비하기 위해 치열하게 시간을 쪼개 쓰라고 하시지 않으셨다. 때가 악하기에, 즉 우리가 영원한 삶을 바라보지 못하게 하고 이 땅에서의 나 자신의 성취와 야심에만 집중하게 만드는 너무도 많은 공격들이 있기에 우리는 세월을 알뜰하게 아끼지 말고 검소하게 아껴야 한다.

세월을 아끼는 데 발휘해야 하는 지혜는, 하루를 계산하고 자투리 시간을 배분해서 일주일, 한달, 일년을 짜임새 있게 구성하는 알뜰한 기술이 아니다. 하나님께서 내게 주신 시간들을 어떤 이웃들과 어떻게 나누어야 하는지, 그리고 이를 위해 내게 어떤 희생과 헌신의 대가가 따라오는지 계수하는 겸소한 지혜다. 그리고 그 대가를 기쁘게 치르기로 기꺼이 순종하는 심플한 용기다. 나의 중심을 보시고 동기를 감찰하시는 하나님께서 내게 이렇게 한 번 더 물어보실 때, 주저없이 용기 있게 대답할 말을 준비하려면 아직도 갈 길이 멀다.

"병구야, 너는 악한 세대 속에서 세월을 얼마나 아끼었느냐? 누굴 위해 또 무얼 위해 아끼었느냐? 타락한 세월은 얼마나 바로잡았느냐? 그 세월 속에서 헤매는 인생들은 또 얼마나 건졌느냐?"

책을 맺으며

템포만 빠른 멜로디에서 리듬이 숨 쉬는 하모니로

●○● 이 책의 여러 글에서 유독 아내와의 이야기를 자주 꺼내게 된 것은, 아내는 내게 있어서 '관계'라는 단어를 떠올릴 때 떼려야 뗄 수 없는 대상이기 때문이다. 독자들이 너그러이 이해해 주시리라 믿는다. 돌아보면 아내와 직접적으로 함께 일하는 관계를 맺게 된 것은 내가 대학교 1학년 때였다. 당시 여고생이었던 아내는 어린이부 예배 반주 봉사자였고, 나는 어린이부에서 성가대를 창설해 지휘와 교육을 책임졌던 신입 교사였다. 아마 그때부터 서로에 대해 조금씩 알아 가게 된 것 같다. 고등학교를 막 졸업해서 어리버리했던 나를 꼬드겨서 어린이부 성가대를 조직하게 했던 당시 아동부 전도사님(지금은 한 지역 교회에서 담임 목회를 하시는 목사님)께 이 기회를 빌려 감사의 인사를 드린다.

아무튼, 대학 새내기 시절 매주 토요일 오후마다 모여서 철없는 초등학생들 스무 명 정도를 데리고 멜로디와 화음을 가르쳐 연습시켰다. 주일 아침 어린이 예배 때마다 새로운 곡을 소화하는 것은 만만치 않은 일이었다. 하지만 그때 속 썩이던 꼬마들이 이제는 교회에서 기둥 같은 일꾼으로 자라났다. 1차 오디션에 떨어져서 눈물 흘리다 재차 응시해서 가까스로 선발되었던 아이는, 20년이 더 지난 지금 내 옆에서 함께 예배 찬양을 인도하고 있다.

1년에 한 번씩은 교회가 속한 연합회가 주최하는 어린이 성가대들의 경연 대회가 있었는데, 그 대회를 제대로 준비하려면 여름방학은 거의 반납해야 했다. 지금도 기억나는 참가곡 두 곡이 있다. '모든 것 되시는 주님'과 '노래할 이유 있네'라는 곡이다. 첫해에는 참가에 의미를 두었지만, 마음먹고 준비한 두 번째 해에는 3등상을 받고 돌아왔다. 쉰 명이 넘는 성가대가 즐비했던 경연장에서 스무 명의 단원만으로 올린 쾌거였다.

대개 아이들이 좋아하고 잘 소화했던 찬양곡들은 모종의 공통점이 있었다. 템포는 약간 빨라야 하고, 리듬이 경쾌해야 하고, 화음은 그리 복잡하지 않으면서 알토 성부도 독립적인 노래처럼 부를 수 있는 가락으로 구성된 곡이었다. 게다가 피아노 반주가 목소리의 부족함을 잘 메꿔 줄 수 있도록 편곡되어 있다면 금상첨화였다.

나는 우리 삶도 마치 사건이라는 음표들이 때론 길고 때론 짧게 연결된 모습이 아닐까 상상해 본다. 아니나 다를까 악보를 작성하는 컴퓨터 프로그램들이 각 음표와 쉼표를 나타내는 독립적인 신호를 '사건'이라는 의미를 가진 '이벤트'event라고 명명하고 있다는 사실이 신기하기만 하다. 어떤 음표들은 짧게 연주하고 어떤 음표들은 길게 연주하고, 어떤 마디는 빠르게 어떤 마디는 점점 느리게, 어떤 악절은 악센트와 에너지를 실어야 하고 어떤 악절은 여리고 부드럽게 처리해야 한다.

우리 인생의 흐름도 그렇다. 아름다운 가락은 사건의 순적한 흐름을, 풍성한 화음은 여러 사건들 간의 조화를, 그리고 템포는 사건의 속도를, 리듬은 사건 간의 강약 즉 우선순위와 중요도를 나타낸다고 하면 말이 되는 것 같다. 그렇다면 예비박과 꾸밈음은 중요한 사건을 위한 준비 과정을 뜻하고, 쉼표와 숨표는 다가올 사건을 기다리며 휴식하는 시간을 의미할 것이다.

삶을 구성하는 네 가지 관계는 마치 혼성 합창의 4성부처럼 보인다. 어떤 성부만 빨리 연주되거나 크게 연주되어서도 안 되고, 반대로 무시되어서도 안 된다. 사건 간의 조화도 중요하지만 이 네 가지 관계 중 한 가지 관계에만 올인하는 것도 바람직하지 않다. 합창을 오래 연주한 이들은 다른 성부의 소리를 들으면서 자신의 소리를 조절할 수 있는 능력을 지니게 된다. 하모니는 자신을 드러내지 않을 때 더욱 아름답다. 하나님과의 관계도 은밀한 중에, 나 자신과의 관계도 신독愼獨(홀로 있을 때도 삼가 성의를 다하는 것)의 자세로, 이웃을 돌보는 일도 티나지 않게, 그리고 세상에서의 성공도 겸손히 거둔다면, 그 인생의 하모니는 혹 여릴지라도 큰 감동을 줄 것이다.

어린이 성가대를 지휘하면서 종종 곤혹스러웠던 순간은, 아이들이 긴장하는 바람에 어떤 순간부터 템포를 조절 못하고 점점 빨라지면서 걷잡을 수 없는 속도가 되던 때였다. 어느 때는 알토 성부가 자신의 소임을 놓치고 멜로디를 따라가는 상황까지 발생한다. 반주자도 아이들의 관성에 따라가 버리고 내가 아무리 템포를 고쳐 잡고 싶어도 불가능해지던 순간인데, 이마에 진땀이 나면서 난감하기 짝이 없었다. 나도 헉헉대며 겨우 지휘를 마치고 나면 이내 연습시간에 아이들을 다그쳤다. "얘들아, 지휘자를 좀 보란 말야! 지휘자를!"

그렇다. 지휘자를 봐야 한다. 우리 삶의 기획자이자 연출자이자 조정자인 그분이 우리 삶을 지휘하고 계시다. 어떤 리듬으로 어떤 템포로 어떤 하모니로 어떤 세기로 어떤 분위기로 우리 삶이 연주되어야 하는지 그분이 알고 계신다. 그리고 친히 이끌고 계신다. 음표가 나열된 악보, 과업이 나열된 일상만 뚫어져라 쳐다보면서 내 맘대로 템포와 악상을 정해 연주하는 일을 멈춰야 한다. 늘 볼 수는 없다면 가끔씩이라도 그분을 쳐다보는 연습을 해야 한다. 언제 숨을 쉬어야 할지, 언제 멈춰야 할지, 그리고 언제 온 힘을 다해 외쳐야 할지 지휘자의 손에서 신호가 나온다. 아니 지휘자의 표정에서 이내 느낌으로 알 수 있다. 오늘도 삶의 템포에 치여 사는 우리의 이웃들에게도 제발 영원한 하나님을 보라고 외쳐야 하지 않을까? 그분이 모든 사건과 관계의 근원A이자 결국Ω이기 때문이다.

풀은 마르고 꽃은 시드나 우리 하나님의 말씀은 영원히 서리라 하라 아름다운 소식을 시온에 전하는 자여 너는 높은 산에 오르라 아름다운 소식을 예루살렘에 전하는 자여 너는 힘써 소리를 높이라 두려워하지 말고 소리를 높여 유다의 성읍들에게 이르기를 너희의 하나님을 보라 하라 보라 주 여호와께서 장차 강한 자로 임하실 것이요 친히 그의 팔로 다스리실 것이라 보라 상급이 그에게 있고 보응이 그의 앞에 있으며 그는 목자 같이 양 떼를 먹이시며 어린 양을 그 팔로 모아 품에 안으시며 젖먹이는 암컷들을 온순히 인도하시리로다 (사 40:8~11)

관계중심 시간경영

소명과 사랑을 발견하는 A.R.T.

1판 1쇄 2010년 1월 10일 발행
1판 10쇄 2017년 8월 21일 발행

지은이 · 황병구
펴낸이 · 김정주
펴낸곳 · ㈜대성 Korea.com
본부장 · 김은경
기획편집 · 이향숙, 김현경, 양지애
디자인 · 문 용
영업마케팅 · 조남웅
경영지원 · 장현석, 박은하

등록 · 제300-2003-82호
주소 · 서울시 용산구 후암로 57길 57 (동자동) ㈜대성
대표전화 · (02) 6959-3140 | 팩스 · (02) 6959-3144
홈페이지 · www.daesungbook.com | 전자우편 · daesungbooks@korea.com

ISBN 978-89-92758-63-5 (03320)
이 책의 가격은 뒤표지에 있습니다.

Korea.com은 ㈜대성에서 펴내는 종합출판브랜드입니다.
잘못 만들어진 책은 구입하신 곳에서 바꾸어 드립니다.

이 도서의 국립중앙도서관 출판시도서목록(CIP)은 e-CIP홈페이지(http://www.nl.go.kr/ecip)와 국가자료공동목록시스템(http://www.nl.go.kr/kolisnet)에서 이용하실 수 있습니다.(CIP제어번호: CIP2009004004)